时代楷模

2021

海军航空大学某基地舰载机飞行教官群体

为战育人的奋斗团队

中共中央宣传部宣传教育局　编

学习出版社

图书在版编目（CIP）数据

时代楷模．2021．海军航空大学某基地舰载机飞行教官群体 / 中共中央宣传部宣传教育局编．-- 北京：学习出版社，2022.12

ISBN 978-7-5147-1178-3

Ⅰ．①时… Ⅱ．①中… Ⅲ．①舰载飞机—驾驶员—先进集体—先进事迹—中国 Ⅳ．①K820.7

中国版本图书馆CIP数据核字（2022）第176739号

时代楷模·2021——海军航空大学某基地舰载机飞行教官群体

SHIDAI KAIMO · 2021 ——HAIJUN HANGKONG DAXUE MOUJIDI JIANZAIJI FEIXING JIAOGUAN QUNTI

中共中央宣传部宣传教育局　编

责任编辑：张　俊
技术编辑：朱宝娟
装帧设计：和物文化

出版发行：学习出版社
北京市崇外大街11号新成文化大厦B座11层（100062）
010-66063020　010-66061634　010-66061646
网　　址：http://www.xuexiph.cn
经　　销：新华书店
印　　刷：北京市密东印刷有限公司

开　　本：710毫米×1000毫米　1/16
印　　张：10.25
字　　数：128千字
版次印次：2022年12月第1版　2022年12月第1次印刷

书　　号：ISBN 978-7-5147-1178-3
定　　价：34.00元

目录

CONTENTS

报道·视角

舆论·反响

评论·观点

视频 · 链接

81

81
67

人物档案

海军航空大学某基地舰载机飞行教官群体是担负培养舰载机飞行人才任务的团队。他们矢志投身舰载机飞行人才培养事业，以战领训、为战育人，探索出一条具有我军特色的舰载机飞行人才培养新路，为部队培养输送了一大批舰载机飞行员。

海军航空大学某基地舰载机飞行教官群体是忠实贯彻习近平强军思想的光辉典范，是牢记强军目标、聚力备战打仗的时代标杆，是忠诚使命担当、矢志为战育人的突出代表，是勇于攻坚克难、奋力转型突破的优秀榜样。群体中 6 人荣立一等功、数十人次荣立二等功，涌现出全国优秀共产党员、中国青年五四奖章获得者、全军备战标兵个人等先进典型。2021 年 12 月，中宣部授予海军航空大学某基地舰载机飞行教官群体“时代楷模”称号。

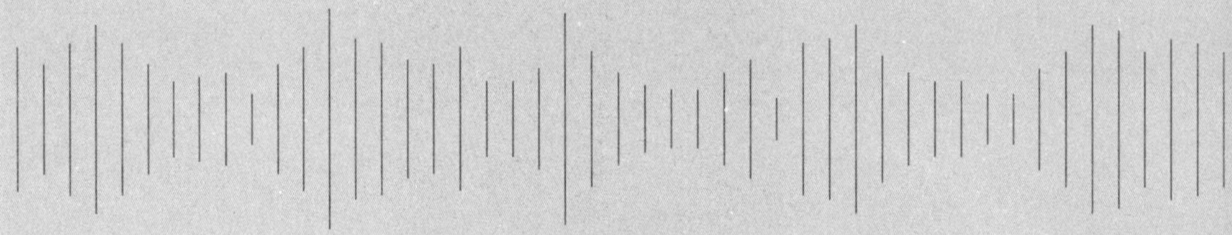

报道视角

培育“飞鲨勇士”制胜海天

刘博通

渤海湾畔，战鹰列阵、引擎轰鸣，一架架有着“飞鲨”绰号的歼－15战机接连起飞。随着拦阻索被高速飞驰的战机拉成巨大的“V”字形，又一批学员驾驶战机成功降落航母甲板，再次刷新单批次上舰认证人数最多的纪录。

得知成绩后，海军航空大学某基地舰载机飞行教官孙宝嵩十分欣慰：“学员们顺利通过资质认证，就是对我们最大的认可。”

海军航空大学某基地舰载机飞行教官群体深入贯彻落实习近平强军思想，始终以党在新时代的强军目标为指引，培养了一批又一批优秀的舰载机飞行员。舰载机飞行教官群体敢于担当、勇于开拓，用青春和热血探索出舰载机飞行员培养的“中国样本”。

“航母舰载机事业需要什么，我们就愿意干什么”

为加强舰载机飞行人才培养，海军航空大学某基地首个舰载机训练团正式组建成立。一批舰载机飞行员转身成为飞行教官，担起了舰载机人才培养的重任。

飞行教官王勇就是其中之一。“航母舰载机事业发展壮大需要更多优秀的舰载机飞行员。航母舰载机事业需要什么，我们就愿意干什么。”怀着对航母舰载机事业的热爱，王勇和战友们投入到培养“飞鲨勇士”的事业中。

舰载机飞行着舰操纵方式与陆基飞行时相反，为了练好“反区操纵”，飞行员必须建立起新的“肌肉记忆”，难度可想而知。怎样把积累的经验系统地传授给学员，提高培养质效，成为摆在飞行教官们面前的难题。

“再难也要干出来！这么光荣的任务交给我们，我们责无旁贷！”这成为该基地飞行教官们坚如磐石的信念和矢志不渝的追求。

面对缺教材、缺标准规范、缺组训经验的现实情况，孙宝嵩、王勇等飞行教官开始了一场“拓荒之旅”。他们边训练、边总结、边完善、边固化，每天下了训练场就上另一个“战场”。那段时间，“白加黑”“五加二”成了飞行教官们的工作常态。

航母舰载机着舰指挥，是舰载航空兵区别于陆基航空兵的全新领

飞行学员驾驶歼－15战机阻拦着舰的瞬间（姜涛　摄）

域。着舰指挥官要全心全意守护“刀尖上的舞者”，确保战机着舰挂索万无一失。担任着舰指挥官后，罗胡立丹发现，飞行员在执行一些指令时，普遍存在短暂的迟疑。

“指令冗长，不利于飞行员及时作出反应，能不能精简指令，建立一套更加符合发音习惯的着舰指挥术语？”在两个多月时间里，罗胡立丹和团队连续攻关，一条指令一条指令地修改、一遍又一遍地模拟指挥、一次又一次地征求意见，最终形成了一套精简高效的指挥术语体系。

面对时代赋予的使命，飞行教官们不敢有半分懈怠：“时代选择了我们，我们绝不能辜负时代。”正是靠着这股韧劲，他们先后编写了多种教学资料，规范组训流程，一套系统的舰载理念培养方案逐渐形成。

“只有学会较真，才能成为合格的舰载机飞行员”

“舰载机着舰飞行因为难度大、风险高，被称为‘刀尖上的舞蹈’。”孙宝嵩说，“舰载机飞行，严字当头。只有学会较真，才能成为合格的舰载机飞行员。”

一名学员在进行模拟飞行时，做动作总是差零点几秒，被飞行教官曹先建多次点名。“就零点几秒，不至于完不成动作吧。”一开始，这名学员有些不解。

“舰载机着舰时速度很快，零点几秒的误差，足以造成不可挽回的后果。”那段时间，曹先建一直陪着这名学员飞模拟机，一边为他树立信心，一边指导他改正错误动作。通过连续指导和训练，该学员逐渐悟出了方法，成功通过了考核。

高标准严要求，教官们是这么说的，也一直是这么做的。曹先建在身负重伤后，创造了术后复飞仅 70 天便成功着舰的奇迹；飞行教官艾群在战友飞机高速飞行遭遇鸟撞、发动机停车后，以精准的判断力，全程伴飞护送战友驾驶战机顺利降落……时刻冲锋在前、敢打必胜，飞行教官以自身的高标准为学员树立了榜样。

“飞行学员经历各异，只有深入了解他们，因材施教，才能帮助每一名学员快速成长。”这是飞行教官们交流时常说的话。

一次训练中，一名学员在下滑段油门使用不及时，导致飞机高度持续下降。眼看飞机距离跑道越来越近，艾群一把推满油门，学员才猛然发觉自己的失误。

下飞机后，艾群并未批评学员，而是仔细询问了解学员状态。针对学员特点，艾群强化关键要点讲解，把油门在各阶段的使用技巧掰碎讲透。在当天接下来的飞行中，这名学员逐步改进了动作。

在教官们的耐心帮助下，学员们对“精准、守纪、零容忍”的舰载机飞行铁律有了更深的理解，航母舰载机事业的种子播撒在每名学员心中，所有学员都满负荷投入学习训练中。

星光不负赶路人。海军首批生长模式培养的舰载战斗机飞行员通过昼间航母资质认证。自组建以来，该基地培养出多批舰载机飞行员，成功打通了生长培养路径，形成了改装模式和生长模式双轨并行的舰载机飞行员培养格局，闯出了一条具有中国特色的舰载机飞行员培养新路。

“把每一次训练当作实战，让每一名学员都成为战斗员”

8月，渤海湾畔某机场阴云笼罩，训练团在复杂气象条件下组织学员跨昼夜多课目训练考核。就在第二批次参考飞机即将升空时，海风裹挟着雨扑面而来。

“学员能不能完成？会不会超条件飞行？”经过缜密分析，王勇下定决心：“飞！”

战机在夜幕下由远及近，在着舰指挥官的指挥下不断修正飞机姿态，如尖刀般穿云破雨，精准降落在陆基模拟着舰区。

讲评室内，飞行教官与学员一起复盘总结。王勇说：“飞行训练要更贴近实战，锤炼学员战场适应能力，促进部队整体战斗力加速提升。”

雄鹰不仅要换羽振翅，更要面向战场。近年来，舰载机飞行教官始终坚持以战领训、为战育人，聚焦航母体系作战能力生成，瞄准短板强能、紧盯强敌备战、朝着一流练兵，努力练就克敌制胜的硬招狠招，推动从教技术向教打仗、从培养飞行员向培养战斗员跃升转变。

“我们把每一次训练当作实战，让每一名学员都成为战斗员。”飞行教官丁阳介绍，带着特定的战术背景训练，已成为该基地飞行教官带教学员的常态。广大学员训练热情更加高涨，一批批雄鹰从这里砺羽振翼，飞向远海大洋。

强军之道，要在得人。该基地通过老、中、青搭配的“育苗”方式，逐渐形成了“金字塔”型的年龄结构，让教官团队呈现出梯次衔接、良性循环、人才辈出的局面。

梁李彬等年轻飞行员陆续从部队投身舰载机飞行人才培养事业中，与先行者一道担起了飞行教官这一重任。“这里就是我的战位，我愿为航母舰载机事业发展奉献我的青春！”

开始带教生涯后，飞行教官们虽然离开了一线作战部队，但他们一直保持奋进姿态，攻克一个又一个难题，努力拓宽人才培养的边界。

王勇驾驶歼－15战机稳稳落在辽宁舰甲板上。随着最后一架战机平稳着舰，此次舰载战斗机飞行教官夜间航母资质认证顺利完成，标志着海军航空大学具备了舰载战斗机昼夜间全时域教学能力。

云飞浪卷，“飞鲨”逐梦。在战机轰鸣之间，这群飞行教官瞄准未来海天战场，时刻挽弓待发。“我们一定不辱使命、不负重托，努力培养出更多更优秀的舰载机飞行员！”

短评

执教海空　为国砺剑

面对航母战斗力建设对舰载机飞行人才的迫切需要，海军航空大学某基地舰载机飞行教官群体勇挑执教海空、为国砺剑的重任，用青春和热血探索出舰载机飞行员培养的“中国样本”。舰载机飞行教官们始终坚持战斗力这个唯一的根本标准，以战领训、为战育人，推动从教技术向教打仗、从培养飞行员向培养战斗员跃升转变，一批批“飞鲨勇士”在他们的指导下驾驶战机，飞向远海大洋。

全新的着舰飞行技术、全新的战术、全新的战场……在培养舰载机飞行员的道路上，没有捷径坦途，只有坚韧不拔、顽强拼搏，才能搭建起“刀尖舞者”逐梦海天的天梯。舰载机飞行教官们把困难踩在脚下、把生死置之度外，呕心沥血、披荆斩棘，他们的英雄航迹写在了强军兴军的伟大征程上，是全军官兵牢记初心使命、传承红色基因、担当强军重任的一个生动缩影。

使命催征，唯有奋力拼搏。新征程上，全军官兵要学习他们崇高坚定的理想信念、敢打必胜的坚强信心和埋头深耕的奉献精神，知重负重、砥砺奋进，努力把人民军队建设成为世界一流军队，以更强大的能力、更可靠的手段捍卫国家主权、安全、发展利益。

《人民日报》2021 年 12 月 28 日

为战育人　领舞刀尖

——记海军航空大学某基地舰载机飞行教官群体发展历程

黎　云　高　蕊　孙鲁明

跑道之内，他们勇当“拓荒牛”，闯出一条舰载机飞行员培养之路。

航母之上，他们愿当“老黄牛”，将实战思维牢牢树在每名飞行员心间。

海天之间，他们甘当“孺子牛”，用使命和担当书写人民海军驶向深蓝的伟大航迹。

他们就是海军航空大学某基地舰载机飞行教官群体。

从“0”到“1”艰难起步

2012 年 11 月 23 日，“航母战斗机英雄试飞员”戴明盟驾驶歼 -15 战机在辽宁舰上首次成功着舰，将中国海军拉进了航母战斗机时代。

随后，孙宝嵩、王勇、杨勇、艾群、曹先建等先后从空军、海军调入舰载机部队。2016 年 8 月，他们成功驾机着舰。

培养一支过硬的舰载机飞行员队伍，事关航母战斗力生成的关键，事关人民海军走向深蓝的壮阔航程。

舰载机训练团成立后，孙宝嵩等人由飞行员改任飞行教官，开启了一场“拓荒之旅”。刚开始，谁也不知道标准是什么，谁也说服不了谁，“吵架”一度成为教官之间很常见的沟通方式。

然而，每一次“吵架”都是为了达成进一步的共识。

每次飞行前，孙政雄都会对坐进飞机座舱的飞行学员提问，如果学员答不上来，就会被这个严谨的教官“请”下飞机。

在这种严苛的教学管理下，“精准、守纪、零容忍”的舰载机飞行铁律铭刻在每一名飞行员的心头，贯穿于舰载机飞行员培养的各个链路。

凭着韧劲，他们先后制定多个飞行大纲规范，规范组训流程，建立飞行训练计划协商机制，我国舰载机飞行员的自主培养之路开始有章可循、有规可依。

从“1”到“多”加速升级

在改装培养模式的基础上，海军探索尝试从高中毕业生中直接招收培养舰载机飞行员。“这种培养模式我们称为生长培养模式，可以大大缩短人才培养周期，也将有效增加飞行员的舰载飞行‘寿命’。”王勇介绍说。

相比经验丰富的“改装”学员，生长模式培养的学员飞行时间短、空中经验少。教官团队倒排训练内容，细化质量标准，边组训边探索，极力调整优化与生长模式相适应的教学、训练和保障路径。

很快，首批生长模式培养的舰载机飞行员便完成航母资质认证，并实现单批认证人数最多、平均年龄最小、飞行时间最少、培养周期最短的历史性突破，海军舰载战斗机飞行员改装模式和生长模式双轨并行培养链路全面贯通。

一名飞行学员在生长模式培养下通过航母资质认证考核（姜涛　摄）

勤勉日新志，长空揽入怀。王勇等数名教官驾驶歼 -15 战机依次在辽宁舰完成拦阻着舰，取得夜间航母着舰资质，基地初步具备了舰载机飞行员昼夜间全时域培训能力。

与此同时，不断有舰载机飞行员加入教官行列，“育苗”队伍不断壮大。年轻的血液让教官团队搭配形成了“金字塔”型的年龄结构，呈现出梯次衔接、良性循环的生动局面。

在基地飞行装具室旁有一面照片墙，记录着每一名完成航母着舰资质认证的舰载机飞行员。最初上面只有 5 张照片，现在已经密密麻麻挂满整面墙。

从“始”到“终”向海图强

随着我国自主培养的首批舰载机飞行员完成舰上起降并通过航母资质认证，我国成为世界上少数几个能够独立培养舰载机飞行员的国家之一。

然而，舰载机飞行风险远高于其他飞行种类，是世界上公认的风险最高的职业之一。

2016年4月6日，曹先建驾驶歼－15战机训练期间，飞机飞控系统突发异常。他紧急处置10秒无果，错过了最佳跳伞时机，直至最后2秒才被迫跳伞逃生，身负重伤。21天后，张超驾驶歼－15战机进行陆基模拟着舰训练时，飞机突发电传故障，壮烈牺牲。

“舰载机的每一次试验都在挑战生理极限，每一次起飞都冒着生命危险。”王勇说。

舰载机从无到有，从陆基到舰基，从近海到远海，一批批舰载机飞行员、一批批舰载机飞行教官经历无数个架次起落、无数次与“死神”擦肩，飞出了一条“中国航线”。

舰载机部队成立之初，飞行员们自发整理了学习交流的内部刊物——《尾钩》。所有已加入“尾钩俱乐部”的飞行员，记录下了取得航母资质认证的操作要领和心得体会。

这些由先行者心血智慧凝聚起来的宝贵经验，成为一批批新加入的飞行员的“秘籍”。如今，“尾钩俱乐部”不断壮大，“秘籍”也越来越“厚”。

新华社沈阳2021年12月28日电

海天之翼　重器之魂

黎　云　孙鲁明　高　蕊

一个奇冷的冬日，国产歼－15舰载机首次在辽宁舰成功降落，人民海军航空兵，实现由岸基向舰基的历史性突破。

冬去春来，年复一年，海军航空大学某基地的飞行教官们，扎根渤海之滨，探索奋飞之路，为战教人，放飞了一批又一批中国舰载机飞行员。

他们，见证人民海军向海图强，走进深蓝。

赤胆无愧，理想融入家国

每一次从岸基起飞，一拉杆，教官们就能看到，机场旁边的烈士陵园里，苍松翠柏，新枝渐发。

教官们说，这，就是血脉传承。

舰载机，是航母的核心战斗力，是人民海军的新型作战力量。世界航母发展已有百年，中国舰载机事业刚刚起步。要培养优秀的舰载机飞行员，先要有优秀的飞行教官。

孙宝嵩、王勇、杨勇、艾群、曹先建……一批从全军遴选出来的优秀飞行员，在极其艰苦的条件下，悄然入驻某军用机场。在这里，被美誉为“飞鲨”的歼-15战机映着地平线上的红日。

孙宝嵩至今还记得那一天，他换上病号服，等待着最后的体检选拔。刚刚打开病房的电视机，就看到了戴明盟在辽宁舰上成功着舰的消息。

“我觉得，这才是我的终极梦想。”已成为基地司令员的孙宝嵩说，他有过很多梦想，第一个梦想是当刑警，考上炮兵学院后想当一名炮兵指挥员，成为飞行员后还想当试飞员，去飞最好最新的国产战斗机。

直到选拔舰载机飞行员，孙宝嵩发现，他的梦想到了升华的时刻。当孙宝嵩决定要做一名“刀尖舞者”时，师长对他说了一句话：“去吧，要是年轻20岁，我也要去试试。”

做一名“刀尖舞者”，而且是领舞“飞鲨”，几乎是所有飞行教官挑战自我的理由。来基地前，王勇和杨勇已经有上千小时的三代战斗机飞行经验，孙宝嵩还是空军首届“金头盔”获得者。改飞舰载机，意味着一切从零开始。

与战斗机飞行不同，舰载机飞行难在起降，最难在降。航母上，可供飞行员选择的有效着舰区长度只有约36米，而国产歼-15舰载机的机身长度就有20多米。业内有句行话：再优秀的飞行员，也不可能在没有着舰指挥官的帮助下，成功降落。

王勇回忆那一年多的脱胎换骨，是一种重生。这位来自“海空雄鹰团”的优秀飞行员，来到基地后也要从飞模拟机入手，用新的肌肉记忆替代原先的训练成果。

“饭量在增加，体重却在减轻。”王勇说，休息时间除了锻炼身体，就是飞模拟机。

若没有信念领航，很难浴火重生。杨勇还记得中国第一位着舰成功的飞行员戴明盟给大家立下的规定：我们的舰载机飞行员，一定要自己飞上航母!

在这条军规下，杨勇和战友们都没有事先走上航母熟悉跑道，而是夜以继日在陆上苦练精飞。杨勇先后完成了昼间、夜间的着舰资质认证，成为同时具有昼夜资质的舰载机教官。

自己先行先试，试出经验再带教学员。中国舰载机飞行教官群体凭借赤胆忠诚，逐步构建起从岸基到舰基、从理论到实践的人才培养体系。

当舰载机尾钩顺利挂住了辽宁舰的第二根拦阻索后，杨勇第一次去了航母上的餐厅，吃上了加入“尾钩俱乐部”后的第一顿航母午餐。

那顿饭有烤鳕鱼，杨勇说很好吃。

勇者无畏，使命超越生死

孙宝嵩的生日是 4 月 27 日，但他已经有 5 年没过生日。

因为，2016 年的这一天，舰载机飞行员张超在驾驶歼 -15 战机进行陆基模拟着舰训练时突发故障，跳伞后不幸坠地牺牲。

在中国航母舰载机发展史上，张超是第一名牺牲的飞行员。如果没有牺牲，再有 3 个飞行日，他就能完成所有训练任务，飞向辽宁舰。如果没有牺牲，他今天也可能就是一名优秀的舰载机飞行教官。如果没有牺牲……

放飞海天之翼，铸就重器之魂，又怎么可能没有牺牲？张超就像一颗绚丽的流星，陨落在咫尺航母的地方。

曹先建永远记得他和张超的最后一次视频通话。他受伤躺在医院的病床上，张超和他家长里短聊了四五分钟。谁料，竟成永别。

就在张超牺牲 21 天前，曹先建驾驶舰载机起飞后突发飞控系统故障。为挽救战机，他直到战机坠海前 2 秒才跳伞——这并不是一个最佳的跳伞时机，他太想保住战机了。

当直升机将曹先建从海中救捞上岸后，他努力想自己站起来。他说，如果能站起来，就说明伤得不重，应该还能继续飞。

几次尝试后，曹先建还是躺上了担架，虽然意识清醒，但伤势比想象的要严重。医院给出的诊断结果是腰椎爆裂性骨折，属重伤。

幸运的是，曹先建不仅重新站了起来，还在伤后第 419 天驾机在辽宁舰上成功着舰，重返“飞鲨”团队。

当我国第二艘航母完成首次海上试验任务后，航母建设发展进入加速期，规模化培养舰载战斗机飞行员迫在眉睫。任务加重，规模扩大，周期缩短，课目增多。

飞行教官团队打破固有模式，边组建边开飞，边实践边探索，不断刷新飞行极限、保障极限、带教极限、空域利用极限。

教官梁李彬带着飞行学员曲坤升空，他们的飞行课目是“昼间双机低空山谷飞行训练”。

高度 160 米，一群大雁迎面而来，梁李彬修改坡度，成功避让过去。谁承想，后面还有一只追逐大雁的鹰，直接撞了上来。

座舱玻璃被鹰击碎的瞬间，梁李彬被强风压制在座椅靠背上。“什么也看不见，什么也听不见。后舱以为我昏迷了，我也以为他昏迷了。”梁李彬说，下意识要把飞机拉起来，否则最多 5 秒就要撞山。

勇者敢于无畏，是基于技术的精湛。当确认飞机状态良好后，梁李彬放弃跳伞的念头，他要把飞机带回来。

惊心动魄 12 分钟，梁李彬通过手势告诉赶来的僚机：我要飞回去，我要下降高度，我要放起落架……在塔台、僚机、前舱和后舱的密切配合下，梁李彬驾驶着“敞篷飞机”成功着陆。

按惯例，梁李彬给已经怀孕的老婆报了个平安。电话中，他轻描淡写地跟老婆说了一句：“今天被鸟撞了……”挂断电话，又像没事一样去了食堂吃饭。除了眼球上挂着血丝，看不出他刚与死神擦肩。

勇者无畏，使命使然。当年与张超同宿舍、带着张超遗物着舰的艾群，已经成为出了名的铁面教官。按他的话说，飞行员想在他这里拿到满分 5 分，只有两次机会：第一次和最后一次着舰。

前者是为了鼓励，后者是为了留个纪念。

岁月无痕，荣耀留在海天

每一名合格的舰载机飞行员，都会拥有一个属于自己的高光时刻。

在基地，如果飞行员圆满完成所有训练课目，成功取得着舰资质，就会享受一个独特的庆典：冷餐会。飞行员可以邀请自己生命中最重要的人出席见证，比如父母、爱人、儿女、高中的班主任老师……还可以享受鲜花、蛋糕、掌声和拥抱。

“那一刻，是舰载机飞行员一辈子的荣耀。”当听到政治委员的呼点，加入舰载机飞行员序列的时候，90 后教官徐璨觉得，自己就是渤海湾最帅的人。

为了这样的梦想和荣光，短短几年时间，一批 90 后飞行员充实到了舰载机教官团队。从“0”到“1”，再从“1”到“N”，70 后领衔，80 后加持，90 后踏浪而来，三代人共同俯瞰机翼下壮美的海岸。

老、中、青三代人才梯队，一样单纯、冷静、执着，承担着职业的风险，还有两地分居和远离城市烟火，又渴望去作战部队建功立业。不同的，只是岁月留在脸庞上的痕迹。

作为教官团队里为数不多的 70 后，飞行教官祝志强每次升空，都会忍不住看一眼繁忙的港口，那来之不易的欣欣向荣。在祝志强看来，今天还远未到谈成就的时候，中国舰载机事业，需要几代人前赴后继。

王勇也这样认为，自从来了基地，他就在房间里挂了一幅字：“征

海军航空大学某舰载机试训基地组织双机编队飞行训练，这是飞行学员驾驶教练机脱离编队（姜涛　摄）

途漫漫，惟有奋斗”。

80后罗胡立丹，已经是一名出色的航母舰载机着舰指挥官，也就是航母甲板上的“C位”：LSO（舰载机着舰指挥官）。由他摸索和最终形成的着舰指令体系，更加简洁且符合中文发音习惯。

在下降的过程中，如果能在无线电中听到罗胡立丹发来“保持”的口令，那就说明这将是一次近乎完美的着舰过程。

比罗胡立丹小几个月的丁阳，还在不断挑战舰载机的性能极限和飞行边界，首次夜航、首次空中加油、首次舰机适配……

如今，90后飞行教官人数不断增加。他们已经开始把着舰挂索的瞬间当成一种享受——“那一刹那，身体内的血液往前涌动，这就是传说中的热血沸腾。”

但大多数年轻的飞行教官的血性都留在空中，他们和老教官一样，在家的时候，就算占理，也不会跟老婆吵架。

这甚至被老教官们总结成美德，传递给年轻人。老婆生气的时候，教官们不会还嘴——老教官们是这样，年轻教官们也是这样。

“他们的职业追求与国家、民族命运联系在一起，和人民海军的建设发展联系在一起。”基地政治委员李明说。

偶有闲暇，罗胡立丹会站在他的LSO工作站，仰望天空。海天一色处，正是迢迢征途。

新华社沈阳2021年12月27日电

逐梦海天的“刀尖领舞者”

海军党委

“赤子凌云，传承英雄战斗魂；飞鲨击空，共赴大国强军梦……”2021 年，一部海军招飞宣传片《海 · 选》在网上“圈粉无数”，海军航空大学某基地舰载机飞行教官群体引起了社会广泛关注。

海军航空大学某基地组建成立以来，沿着习近平主席指引的航向，踔厉奋发、敢闯敢拼、笃定前行，以非常之举、干非常之事、成非常之功，舰载机飞行教官将青春与激情写满海天，打造出舰载机飞行员培养的“中国样本”，飞出了中国航母事业的一片天。2021 年 12 月，中共中央宣传部授予海军航空大学某基地舰载机飞行教官群体“时代楷模”称号。

向海图强：用壮志汇聚“众志”

航母是我国战略威慑力量的重要组成部分，舰载机是航母作战力量的一把尖刀，而舰载机飞行教官则是不折不扣的“刀尖领舞者”，他们用“使命未竟决不还”的凌云壮志、“敢以风华探海天”的坚强信心和“拎着脑袋干事业”的牺牲精神，投入为人民海军换羽新生、插翅奋飞的强军征程。

忠诚看齐、担当使命的宣誓。习主席发出全面建成世界一流海军的伟大号召，对舰载机飞行人才培养工作高度关注、寄予厚望。舰载机飞行教官应时代呼唤而生，谋国家强盛而来，向民族复兴而去，一直奋飞在领袖关注的目光里。党的十八大以来，习主席先后多次检阅空中“飞鲨”梯队。2013 年 8 月 28 日，习主席冒雨视察海军某舰载机综合试验训练基地，亲切勉励大家再接再厉、深入钻研、勤学精练，早日成为优秀的航母舰载机飞行员。

谆谆教诲、字字千钧。飞行教官们深入学习习近平强军思想，领会战略意图，感悟如山重托，把定奋飞航向，坚决拥护“两个确立”、坚决做到“两个维护”，一杆一舵守望赤胆忠魂，一起一落坚定看齐追随，确保“战鹰我指挥，我听党指挥”。

告慰历史、逐梦未来的集结。建设一支强大的海军，寄托着中华民族向海图强的世代夙愿。不能制海、必为海制，海军强、海权兴、国运昌，这是历史留给我们的重要启示。

有海无防的屈辱泪水，必将被海天骄子擦干。2012 年 11 月 23 日，“航母战斗机英雄试飞员”戴明盟驾驶歼 –15 战机在辽宁舰上实现首次成功着舰。一道完美的弧线，划出了中国海军的航母时代。这一天，孙宝嵩、王勇、杨勇等一个个热血青年从全国各地汇集而来参加航母舰载机飞行员选拔，他们所属部队的番号不同、岗位各异，却为了同一个梦想，朝着同一个方向集结，就像一滴滴水融入大海、一束束光拥抱太阳，将奋斗与国家命运紧相连，把成长与强军步伐共频率，绽放出逐梦海天、决胜大洋的绚烂芳华。

犁波大洋、铸剑海天的跋涉。舰载机飞行人才培养是全新的事业，开创难度、转型跨度、融合深度前所未有。面对缺装备、缺经验、缺资源的难题困境，海军党委调动各方面的积极性主动性创造性，现场办公解难、整合资源攻坚，把重大决策部署化为一项项非常举措，让飞行教官们安心从教、热心从教、舒心从教、静心从教；各方积极协同大力支援，从舰载机部队遴选优秀种子教官，从海空军部队选拔优秀改装学员，从兄弟单位协调飞机装备，一大批优质资源迅速集聚；海军航空大学细化目标图、路线图、施工图，同步推进路径设计、资源调配、团队组建，同步启动大纲编制、教范编写、机制完善；飞行教官们知重负重、明理明责，多渠道挖掘教学潜力，多方向创新组训模式，多链路验证培养成效……上下齐心、团队聚力、八方支援，共同谱写出一曲舰载机飞行人才培养的“忠诚大合唱”。

短短几年时间，从陆基到舰基，从单机到编队，从近海到远海，从改装培养到与生长双轨并行，一批批献身海军、矢志海空的飞行人才苗子，胸怀理想和抱负，从这里扬帆启航。

向战育人：用人梯织就“天梯”

师为教之本，带教施训，教官是关键。从部队遴选出来的种子教官，以前是“自己飞”，现在变成带别人飞，教什么、怎么教？在我国第一代舰载机飞行教官面前，没有经验可以参照。“没有路，就闯出一条我们自己的舰载机道路！”他们在一次次起飞着舰、领训带教中立身为梯、躬身为桥、俯身为路，伴随着中华民族的梦想“航线”一路生花。

——从“0”到“1”，实现从部队带教到院校培养的突破

时间上，教官团队坚持边组建边开飞，边实践边探索，白天搞训练，晚上搞研究，周末编教材；教学上，坚持抬高承训起点，细化能力指标，统一标准和教范，数十万字的教案教材、数百万字的教学体会，成为科学施教、规范示教的坚实基础；方法上，打破师父徒弟固

定编组的传统，一名教官要带教多名学员；保障上，每天保持飞机最大出动量，同一时间数十架战机密集升空训练。

经验，在一遍遍模拟起降中成熟；进步，在一次次带飞着舰中跨越。随着带教的首批舰载机飞行员顺利通过昼间航母资质认证，第一批飞行学员开始怀揣报国梦想游刃天际、驰骋大洋。

——从“1”到“多”，实现从改装培养到双轨并行的跨越

随着我国航母事业的快速发展，稳定批量培养舰载机飞行员迫在眉睫。首批生长班学员分配到基地那年，看着一张张 20 来岁的稚嫩面孔，有人担忧：拥有 1000 小时经验的“老飞”都不一定能飞好舰载机，这群三代机飞行时长仅数十小时的“小鹰”们能飞吗？飞行教官们为每名学员量身定制成长路线图，建立飞行质量监测评估机制，每次飞行讲评，学员、教官等全部参加，态势图、飞参图、视频数据实时回放，逐步构建从院校到战场、岸基到舰基、理论到实战的全链路人才培养体系。

风雨航程砺雏鹰，舰载起飞举世惊。那年冬天，90 后学员张宇亮驾驶战机顺利着舰，尾钩将拦阻索拉出一个巨大的“V”字，张宇亮从此正式成为“尾钩俱乐部”中的一员。如今，航母“尾钩俱乐部”照片墙上，飞行员的照片变得越来越多，70 后领衔，80 后跟进，90 后奋起，共同俯瞰机窗外的壮美海天……

——从“多”到“战”，实现从“能上舰”到“能打仗”的升级

对舰载机飞行员而言，能上舰，只是基本技能；能打仗，才是根本目的。

一次战术训练，由于受到逆风影响，一名飞行学员比预定时间晚 2 分钟到达规定点位，结果受到飞行教官罗胡立丹的严厉批评，“贻误战机 1 秒钟，战时牺牲的远远超过一条命”；一次特技飞行训练，一名飞行学员在完成上升急转机动时，只盯着大纲规定的参数做动作，忽视

了速度和高度的变化，飞行教官没有犹豫，直接给出了当天全场最低分，严肃指出“不仅要按大纲来，更要按实战要求来”；一次航线课目训练，一名飞行学员驾驶战机刚起飞不久，海上雾气越来越浓，指挥员孙宝嵩没有召回放出的战鹰，而是当即决定改换训练课目，下令这名飞行学员“转入复杂气象训练课目”……

飞行教官们不断播撒实战的“种子”，培育能战善战的“新绿”。在飞行教官群体中，“升空就是作战，起飞就是迎敌”是他们的标签，“宁要紧贴实战的低分，不要脱离实战的高分”是他们的座右铭。飞行教官们带领学员在时代的号角里昂扬起飞，把为战育人的涓滴信念、守卫海天的使命担当，汇聚成一道道金色航线，托举雏鹰演绎一幕幕海天华章！

向难攻坚：用极致突破“极限”

舰载机飞行被称为“刀尖上的舞蹈”，飞行教学难度之大，不言而喻。跑道内，他们从零开始、敢为人先；航母上，他们不畏万难、苦干实干；海天间，他们壮志凌云、奋发图强，刷新飞行极限、技术极限、带教极限，用心用情用力书写人民海军驶向深蓝的伟大航迹。

打破思想桎梏。驾驭新装备必须打破思想观念上的“旧藩篱”。飞行教官们针对“飞数据还是飞感觉”“能上舰更要能打仗”等问题展开头脑风暴，不断强化实战思维理念；带着学员体验“失速螺旋”禁区，感受机身“自由坠落”的实战感觉；逐步走开自由空战训练，消除安全“高度差”，在不设脚本、不设预案，近似实战的条件下检验战术战法；针对有的指挥指令过于冗长，经过长时间摸索、数百次实践，打造出一套更加精准高效、贴近实战的指挥术语……

一场场思维革命，让教官们对飞行人才培养理念有了新的认识和

机组已完成对飞机的最后检查，飞行教官们驾驶战机整装待发（赵天淏　摄）

理解；一次次实打实练，让教官们在不断逼近实战化的条件下锤炼打赢本领。正是靠着这种较真认真的态度，他们先后制定了《歼－15 飞行训练大纲》《歼－15 飞行手册》《教练机飞行手册》等教学资料，规范组训流程，开展培养模式研究、空域精细化管理、塔台指挥模式改革等重难点任务攻关，有效提升了训练效果。

跨越技术难关。与其他战斗机飞行不同，舰载机飞行难在起降，最难在降。航空母舰的飞行甲板被称为“世界上最危险的 4.5 英亩”，而“黑区”就是着舰飞行训练时模拟航母甲板的着陆区，这个区域因舰载机起降时轮胎与甲板剧烈摩擦变成黑色而得名。航母上，可供飞行员选择的有效着舰区长度只有 30 多米，而国产歼－15 舰载机的机身长度就有 20 多米。想要真正跨进“尾钩俱乐部”，必须让时速几百公里的舰载机准确降落到着舰区，并在短短数十秒内完成上百个动作，精准钩住 4 道拦阻索中的一道，稍有差池，轻则冲出甲板坠入大海，重则如一枚导弹砸向航母甲板。

在这种严苛的条件下，飞行教官们立起了“精准、守纪、零容忍”

的舰载机飞行铁律，带着年轻飞行员一次次滑跃起飞、“黑区”接地，穿针引线、刀尖起舞，不断突破“飞行技术天花板”。

日复一日，“黑区”新痕覆盖旧痕，越来越深沉。“黑区”投射的是这个英雄群体的“精武面积”和“精神面积”，见证的是这个英雄群体的光辉足迹和辉煌战绩，昭示的是人民海军向海图强的铿锵足音。

摸透装备极限。从某种意义上讲，一种新机型的飞天之路就是一条未知险途。一次空中飞行试验中，飞行教官丁阳驾机在高空按指令单发关车，等待飞机达到边界状态。“达到预定考核点，可以重新启动”的指令已发出，但指挥所监控画面中启动信号灯并未点亮。1 秒、2 秒、3 秒……战机在空中晚启动 1 秒，飞行风险就会成倍增长。丁阳一边观察仪表参数，一边控制飞机姿态，迅速按下重启按钮。驾机着陆后，大家都以为是无线电通讯出现故障，丁阳却说：“晚几秒钟作出响应，就是在等待飞机更加逼近预定边界，飞行越是接近极限值，装备在战场越能发挥更大的战斗值！”

飞行教官们勇于挑战飞行边界，在低空飞行中，把飞行高度降低降低再降低，感到海面触手可及；在编队飞行中，把飞机间距缩小缩小再缩小，以此打磨学员精准操控技术；在夜航训练中，首次引入小航线回收，使单架飞行回收时间大幅缩短……一轮接一轮的尾焰喷薄，一次又一次的尾钩挂索，飞行教官们引领学员眺望“深蓝”、磨砺“尖刀”，让越来越多的不能变成可能，让越来越多的潜力变成能力。

飞行员都有一个飞翔梦，而对于这群飞行教官来说，他们的梦想是带更多的人、飞更远的海。他们起降在航母上，更是起降在乘风破浪的“中国号”巨轮上。长风之中，飞行甲板像时间老人，看风云际会，数舰载雄鹰，见证着一支大胆略、大气魄、大担当的飞行教官群体的蜕变。

向死而生：用无畏熔铸“无我”

飞行是勇敢者的事业，而舰载机飞行员更是直接与风险相伴、与死神过招，风险系数是航天员的 5 倍、普通飞行员的 20 倍。在这支飞行教官队伍里，“向死而生”从来都不是口号，而是一张用生命奔赴使命的答卷。

4.4 秒——见证生死抉择。2016 年 4 月 27 日，飞行员张超驾驶歼-15 战机进行陆基模拟着舰训练，12 时 59 分 11.6 秒飞机突发电传故障，危急关头他果断处置，尽最大努力推杆无效，59 分 16 秒被迫跳伞坠地受重伤，经抢救无效壮烈牺牲。短暂的 4.4 秒，张超没有选择第一时间自救，而是全力挽救飞机，他牺牲在了成为舰载机飞行员的“最后一个架次”。

用生命为航母事业铺路的英雄，已经成为后来者前行的路标。张超曾说，“谁不怕死呢？但我们这些人就是时刻准备着要为祖国牺牲的！”当年与张超同宿舍的艾群，在第一次着舰后的第一时间，从口袋中掏出张超生前使用过的手电筒，抑制住内心的激动，自豪地说：“兄弟，我们上来了！”如今，艾群已经成为团队里出了名的铁面教官。从张超手中接过“火炬”的，还有一批批更年轻的舰载机飞行学员。张超曾住过的那个房间，现在住进了 1996 年出生的飞行学员，比张超整整小 10 岁……

70 天——书写复飞奇迹。2016 年 4 月 6 日，飞行员曹先建驾机升空训练突遇重大险情，特情处置规定“飞行员可以立即跳伞”，危急关头，曹先建竭尽全力试图保住战机，直至坠毁前的最后 2 秒钟才拉动弹射手柄，因为高度不够，降落伞没有完全打开，他重重摔到了海面上，胸椎、腰椎、尾椎等多处爆裂性骨折……

复飞，一定要复飞！第一次手术之后不久，伤口还没完全愈合，使用 6 颗钢钉将骨折的腰椎固定住的曹先建，就在病床上开始了艰苦的恢复训练。他坚持把两次手术间隔从最佳的 18 个月缩减为 8 个月，14 个月后，凭借惊人毅力和勇气重返海天，创造了身负重伤 419 天、术后复飞仅 70 天便成功着舰的奇迹。

云霄外——果断处置险情。奋飞之路，从来不是鲜花满径，而是荆棘丛生。飞行教官们不断追求技术的极限，几乎每个人都有“空中历险”，不少人经历过“生死时速”。

有的“单腿”着陆临危不乱。一次飞行中，当时还是学员的飞行教官张宇亮驾驶歼 -15 战机进行特技训练，故障清单屏幕显示“左发降转”，飞行操纵难度和风险急剧升高。在惊心动魄的 1 分多钟内，张宇亮完成近百次零失误的判断与操作，成功处置险情，将飞机安全带回基地。这次历险，也让他更加坚定了成为飞行教官的信念决心。

有的“敞篷”飞行气定神闲。一次，飞行教官梁李彬带教学员在低空山谷飞行训练中，突遇鸟撞飞机特情，在前座舱盖受损面积近 80%、无线电几乎无法听清的情况下，在 3 倍于 17 级大风的强烈气流下精准操控飞机，安全驾机着陆。

有的“蒙眼”着舰镇定自若。一次模拟着舰训练，飞行教官杨勇驾驶的战机屏显系统突发故障，飞行高度、速度、姿态等重要参数信息都无法显示。突发特情面前，杨勇选择在预定位置按着舰要求降落！凭着平日练就的精湛技术和过人胆识，在与着舰指挥官密切配合下，杨勇在“黑区”精准触地……

谁持彩练当空舞，刀尖舞者何所惧！

飞行教官们讲，困难风险越大、忠诚信念越坚定，飞得越高越远、与祖国贴得越紧越近。他们向难攻坚、担当有为的精神底色，映照在军旗上，回荡在海天间。他们请缨谋战、直面生死，付出了常人难以想象的艰辛甚至是生命的代价，用血肉之躯铺就出一条具有我军特色的舰载机飞行员培养之路。

《求是》2022 年第 4 期

着舰，向着那份清澈的凝望

——走进海军航空大学某基地舰载机飞行教官群体精神世界

谭靓青　朱晋荣　郭领领　李　姗

当最后一抹晚霞被夜幕吞没，灯光点亮了被称为“世界上最危险的4.5英亩”的航母甲板。

“嘭！”伴随一声巨响，歼-15战机呼啸而落，尾钩牢牢挂住拦阻索，新的漆黑的轮胎擦痕完美“刻”在了辽宁舰的飞行甲板上。

“完美的着舰，是一种享受。”飞行教官王勇跳下座舱，锐利的眼神传递着满满的自信。

舰载机飞行员气势如虹的飞行，他们的父母未曾看过，他们的妻儿未曾看过，他们的亲朋也未曾看过。这一震撼海天的“刀尖舞蹈”，只为奉献给祖国。

此刻，皓月当空，宛如明眸。

此刻，他们身担使命、肩负任务，连“掏出手机给家里打个电话”都很难。

此刻，王勇和他的战友们又分明觉得，有一份凝望、有一份牵挂，汇聚在自己身上，那样清澈、那样温暖……

战友的凝望——
“他一直在看着我们”

放下起落架，放下尾钩，对正跑道……艾群娴熟地操纵着战机，以近乎完美的轨迹迅速下滑。

这一天，距离他第一次在辽宁舰着舰已经5年。如今，他不仅是一名舰载机飞行员，还是一名舰载机飞行教官。

结束飞行，艾群回到空勤楼，低头穿过一楼走廊。

走廊墙壁上，挂着10位全军挂像英模画像。其中一位英模和艾群有着同样的身份——舰载机飞行员。

那是他曾经的战友——张超。

飞行结束后，飞行教官和飞行学员正在交流飞行经验（姜涛　摄）

几乎所有的舰载机飞行教官穿过那个走廊时，都会有意无意地快走几步。或许是因为那份沉重，他们很少抬头看张超的画像。

可曾经生死相依的战友，又如何能不想他？

丁阳还记得，最后那个架次出发前，张超向他眉毛一扬："阳哥，看我的，一准拿个优秀！"

王勇还留着张超从老家捎来的茶叶。这盒茶叶只剩下了一小半，他舍不得喝，总觉得"喝完了就离张超远了"。

"其实，我们平时很少提起他……但我们知道，他一直在看着我们。"接受采访时，艾群避开了张超的名字，而是用"他"来回答记者的问题。

张超牺牲已 5 年。迄今为止，那 4.4 秒的画面还在人们脑海中闪回。

张超牺牲 4 个月之后，艾群驾驶歼 -15 战机首次成功着舰。站上辽宁舰飞行甲板的那一刻，他掏出了随身携带的手电筒。

"这，是超的……"作为曾经的室友，艾群用这种特殊的方式，帮自己的好兄弟圆了上舰的梦想。

艾群相信，如果能飞到今天，张超也会是一名优秀的舰载机飞行教官。

遗憾的是，他走了。他牺牲那天，正好是战友孙宝嵩的生日。也是从那年开始，孙宝嵩再也没有过生日。

"那天我第一个着陆，张超最后一个，当我滑回机棚的时候，正好看到那一幕……"性格直爽的孙宝嵩，每每忆起，都会不由得眼圈发红。

"我们不能沉沦，他还在看着我们。"机场跑道边，作为同批飞行员中的老大哥，孙宝嵩决定带领大家尽快从阴影中走出来。

那段时间，孙宝嵩带头组织理论学习、研究特情处置方案、飞模拟器……几个月后，第一个驾驶歼 -15 战机起飞的，也是孙宝嵩。

与子同袍，巡天蹈海何所惧。

伟大的事业中，往往能诞生伟大的友谊。正是对舰载机事业共同的信仰和追求，才让一群人对彼此托付自己的生命。

亲人的凝望——
“我知道你想飞得更远”

张宇亮一不小心“飞进了历史”——

那一天，海军首批生长模式培养的舰载机飞行学员展开航母资质认证。

这批飞行学员，是由海军从高中招收的飞行学员中直接培养出来的，平均年龄只有 20 多岁。他们注定要创造历史。

“近了，近了！”一架歼-15 战机调整姿态，放下尾钩，对正跑道……随着“嘭”的一声，战机尾钩牢牢挂住拦阻索，在辽宁舰甲板上画出一个巨大的“V”字。第一个参考的张宇亮顺利完成着舰考核。

对张宇亮来说，这是一个高光时刻。对飞行教官们来说，这更是一个期盼已久的时刻。此次考核，标志着中国海军舰载机飞行员生长培养链路全面贯通，航母战斗力建设又向前迈出了一大步。

张宇亮也是“一不小心飞出了自己的秘密”——

那个夜晚，忙碌了一天的军嫂徐晓娉，坐在家里刷起了抖音，找一点“小快乐”。

抖音却推给她一个“大事件”——“战机单发停车故障！只飞了 50 多小时的学员张宇亮……驾驶战机安全着陆！”

第一次在网上看到丈夫，徐晓娉瞬间瘫坐在沙发上，泪如雨下。

她知道，成为千里挑一的飞行员不容易，能成为舰载战斗机飞行员更不容易。

“知道他离梦想越来越近了，我要做的就是把家里照顾好。”擦干眼泪，她决定先瞒着父母。却不知，老人也同样决定瞒着她。

而后，徐晓娉选择辞掉在北京的优越工作，和孩子一起，来到了张宇亮的部队驻地生活。当晚，张宇亮在日记中写下那句耳熟能详的话："我的军功章有你的一半……"

"嫁给他们，就是嫁给了他们的航母梦。"来到这里，老教官家的嫂子告诉徐晓娉，她们这群人有个很诗意的名字——"望天族"。因为，每当战鹰划过天际，她们都会抬起头来，遥望战鹰远去的方向。

其实何止是妻子，飞行教官的孩子们也是"望天族"。

每逢学校布置关于家长的作文题，丁阳儿子笔下的主人公，永远都是自己的"飞爸"。

而在丁阳的办公桌上，放着一幅画，画的是一架帅气的战机。

"那是我生日时，儿子给我设计的'完美'战机。"丁阳笑着告诉记者，"他说，以后长大了要试飞自己设计的战机。"

某种意义上，"望天族"是战鹰远飞的特殊翅膀。

当年选拔舰载机飞行员，罗胡立丹正在外地学习，妻子专门打来一通长途电话，告诉他这个消息。

"我知道这很危险，其实我不想你去，但我知道你想飞得更远。"挂断电话，妻子替罗胡立丹报了名。

这些年来，航母舰载机部队犹如一块大磁铁，吸引着来自各地的海天骄子加入其中，而家属们都不约而同地选择了支持。

"家里有我，放心去飞。"正是家人看似柔弱的肩膀和温情的话语，支持着他们飞向更远的海天。

山河的凝望——
"这片海就是最好的教科书"

"在航母上着舰，是舰载机飞行员的圆梦时刻。走到今天这一步，每个人都付出了太多……”着舰大考前的最后一堂课，不善言辞的飞行教官祝志强说了很多。

教官讲得最多的不是飞行技术，而是梦想和付出，这让年轻飞行员们感到有些意外。

送走学员，祝志强心生波澜。

“这片海就是最好的教科书。”面对舰载机事业的千钧重担，祝志强心里的念头非常纯粹：敢闯敢试、苦练精飞，决不让屈辱的历史在祖国的万里海疆重演。

这是个人的理想，更是民族的希冀。时间不等人，祝志强和战友们明白，海军转型建设路上，舰载机飞行员的培养必须换挡提速。

对每一位舰载机飞行教官来说，这片海的涛声，仿佛在讲述着什么，也在催促着什么。

2021 年国庆节期间，沈阳抗美援朝烈士陵园，特级战斗英雄杨根思烈士墓前，摆放着一架祭奠者送来的歼 -15 战机模型和几张辽宁舰航母编队照片……

《杨根思烈士墓前，多了一架“歼 -15”》的报道，迅速刷屏。

看到这则新闻，祝志强和战友们越发意识到肩上的使命之重。

2018 年 4 月 12 日，南海海域海上阅兵，舰载机组成空中梯队，首次在海上接受检阅。

“从战机上俯瞰，舰艇编队劈波斩浪、驰骋向前，留下的航迹就像一条绵延的银色天路。”回忆起驾机飞抵阅兵空域的场景，孙宝嵩兴奋不已，“能够以航母舰载机飞行员的身份接受党和人民的检阅，我们感到无比自豪！”

加速形成航母战斗力，需要在提升舰载机飞行员的能力素质和知识层次上积蓄能量。飞行教官们认为，只有飞得越高，看到的天空才越广。

一个人有什么样的眼界和胸襟，就能看到什么样的风景。

在舰载机飞行员眼里，从空中俯瞰，航母很小、海很大；从甲板上看，战机很小、航母很大；从陆地上看，人很渺小、山河壮阔。在舰载机飞行员心中，个人很轻、国家很重，名利很轻、使命很重。

得其大者可以兼其小，取其重者可以兼其轻。这就是飞行教官群体的眼界和胸襟。

《解放军报》2021 年 12 月 30 日

奋飞，书写海天砺翅的“中国答案”

——从海军航空大学某基地舰载机飞行教官群体看人才自主培养之路

钱晓虎　魏　兵　孙　飞　刘任丰

深秋渤海，辽宁舰破浪前行。

当舰载机进入进近航线，“刀尖上的舞者”要在短短数十秒内完成上百个动作。4 道拦阻索横跨宽阔的甲板，如同一个个等待登临的“绝顶”。

敢为天下先、敢啃硬骨头。在成千上万次的探索与实践中，中国海军舰载机飞行教官合力书写出一份舰载机飞行人才培养的“中国答案”——

生死相依　追求卓越

“绑上同一根登山绳，即便拉着、推着，甚至托举着也要一起翻越那座高峰”

“耳边‘砰’的一声，巨大的气流瞬间就灌了进来，把我死死‘顶’在座椅上，飞机剧烈抖动……”

那一刻，是飞行教官梁李彬第一次遭遇特情，难免紧张。“可我必须迅速冷静下来，机舱内还有学员。这个时候，我慌了他就会更慌……”

飞行教官梁李彬为学员讲授编队飞行方法（周刚 摄）

那一天，梁李彬正带领学员曲坤在山谷间展开低空飞行训练。一个转弯过后，鸟群突然出现在战机上方。他们紧急调整飞机姿态进行避让，一只落单的鸟还是迎面撞上了战机。“砰”的一声响，座舱盖被撞出巨大的缺口，近 80% 的面积受损。

梁李彬连续大声向塔台指挥员报告。然而，气流声盖过了通话声，他只能通过僚机飞行员的手势接收指挥员的指令。

“我和曲坤努力向前躬身，尽量减小气流阻力……”带杆、收油门、减速，一系列操作一气呵成。

此时，高度只有 160 米，机翼下方就是居民区，四周则是高低起伏的山峰。

塔台指挥果断、僚机紧紧相随、学员配合默契，梁李彬一边保持飞机状态，一边不断向外观察，完成近百次零失误操纵后，最终成功着陆。

“当时，我非常担心曲坤会忍不住进行弹射。他要是弹射了，我也会跟着被弹出去……”回想当时，梁李彬最欣慰的是，学员与教官间托付生命的信任。

“驾驶舰载机的标准格外严苛，可以说是飞行事业的‘珠穆朗玛峰’。我们和学员就是绑上同一根登山绳，即便拉着、推着，甚至托举着也要一起翻越那座高峰。”海军航空大学某基地司令员孙宝嵩深有感触地说，“为了航母事业，我们不能轻易放弃任何一个人。”

培养舰载机飞行员，是一条“光荣的荆棘路”：新的体系、新的领域、新的战场……在飞行教官们面前，有太多的“空”要填，有太多的“路”要走。

只有把困难踩在脚下、把生死置之度外，呕心沥血、甘为人梯，才能托举起“刀尖上的舞者”逐梦海天的天梯。

一个午夜，自诩掌握“快速入睡法”的飞行教官艾群失眠了。一闭上眼睛，一名学员在落向“黑区”时推杆加油门犹豫不决的样子，就像一根刺“扎进”艾群的脑海。

因为腰伤，这名学员的改装进度落后于同批次学员，对舰载飞行的理解也有所欠缺。艾群专门为他绘制了改装路线图，让他的成长逐步进入“快车道”。可这次，他又遇到了新难题。

艾群猛然坐起，决定去找他问清楚缘由。

“战机攻角一大，就总想把杆位保持住，不敢推出去。”找到问题根源，艾群跑回宿舍拿出飞机模型，边模拟、边解释，直到这名学员认真地点了点头，艾群才如释重负地松了口气。

受老教官们的影响，年轻飞行教官张宇亮常常会熬夜观看学员的飞行视频，分析飞行曲线，飞行结束后还会拉着他们一对一辅导，复盘每一个架次。讲评室、宿舍、餐厅、退场车……都能看见张宇亮为学员讲评的身影。

“宁可自己累点，也不能漏掉一个关键点。”这是成为飞行教官以后，张宇亮逐渐养成的职业习惯。

新一批飞行学员着舰“大考”前，张宇亮把上课地点设在海滩，为大家上了一堂别开生面的“着舰课”。他从航母知识讲起，到海洋环境分析，再到自己的着舰故事……更像一位朋友在闲聊。

授课即将结束，张宇亮忽然提问：“成功飞上航母为了什么？”有人说为了不负祖国重托，还有人说为了海上飞天的梦想。

“航母上吃得比较好，小目标应该是飞到航母上吃一顿饭。”

听完张宇亮的“标准答案”，学员们先是一愣，年轻的笑声随即响彻海滩。

科学高效　精准精练

“数字化不仅是‘一支笔、一摞纸’的变化，更是对舰载机飞行铁律的未来化诠释”

飞行学员宿舍楼顶的“飞鲨”徽标下，有 7 个金色的大字——“精准、守纪、零容忍”，被誉为舰载机飞行铁律。

飞行教官有个比喻：“舰载机着舰过程中的每个动作，就像一张张多米诺骨牌，环环相扣，紧密关联。”

而每张多米诺骨牌的间距，都是由飞行教官们经过无数次试验验证丈量得出的。

下午 4 点半，夕阳会准时“卡”在基地对面的海岛上方，在落日余晖的美景下，飞机的轰鸣声逐渐停歇，而讲评室内则是一片火热景象。

在技术的加持下，他们把数字化的训练培养理念融入飞行。“好似一双‘隐形的翅膀’，助力‘飞鲨’翱翔更加科学精准高效。”孙宝嵩说。

高速飞行的舰载机与航行中的航母，加之复杂多变的海况和气流，要想实现舰、机二者之间完美的结合，每一个起落都绝非易事。

他们每一次驾驶“飞鲨”与拦阻索成功“交会”的背后，都有着庞大数据流的强力支撑。

对中、保角、挂索……大海与航母的视景在舰载机飞行员眼前极速穿梭，伴随一阵强烈的视觉冲击，舰载机稳稳停在航母甲板上。

这惊险的一幕幕，发生在一块数十寸的电子屏幕上。在模拟训练器旁，时任模拟训练中心主任张跃洪手心不禁渗出汗水。这些年，为了让模拟飞行的数据实时准确传输，他的目光始终在图像和数据间来回切换，为研发的实时讲评系统寻找一个个“升级点”。

走进评估室主任张明的办公室，记者一眼就发现了“不一样”：他的电脑桌上，有横竖两块屏幕。竖屏上，爬满了正在仿真推演的信息数据；横屏上，排列着10多项与数据相关的课题。再仔细看，每项课题的“完成时限”都精确到了某一天。

然而，仅一年之前，这套系统还停留在纸面上。面对提升飞行数据处理能力这一崭新课题，大部分官兵心里都没底：“我们一没设备二没人才，能做出什么样的成果？”

“如果不想办法突破，就会永远困在井里。”年轻工程师涂帅决定叩开技术创新的大门。

他们发挥接地气的独特优势，定方案、编算法、写代码，经过反复验证，最终成功研发出飞行实时讲评系统。利用这一系统，飞行视频处理速度比原来提高了10倍。

在航母甲板第一根拦阻索左端，是LSO工作站。仰望战机着舰航线，这里是最好的位置。

每一架次飞行结束后，学员都会拿到一个分数。这个分数不是LSO根据印象打的，而是根据学员飞的每一个数据给出的成绩。就像跳水运动员一样，从准备起跳到入水产生的水花，每一个动作都有它的标准和得分。

飞行教官罗胡立丹依然记得，刚担任LSO时，他们只能通过视线观察和记忆追溯，用笔和纸来记录学员的训练情况。密密麻麻的数据，不仅导致生成结果周期长，也很容易产生偏差，不利于飞行员在训练中及时修正。

为此，他们将上千种数据绘制成一张张飞行曲线图，透过曲线图上的波峰和波谷，分析飞机姿态与图像的契合点，最终，将庞大的数据流汇聚在如今LSO工作站每名教官手中的平板电脑上，一套数字化指挥打分系统就此诞生。

“数字化不仅是‘一支笔、一摞纸’的变化，更是对舰载机飞行铁律的未来化诠释。”飞行教官王勇告诉记者，他们还建立了全时全维的培养质量监控体系，设立数据库进行全时段客观评价，对飞行学员的每个动作、每次进近精准评价，更好地量化飞行能力，快速查漏补缺。

在“隐形的翅膀”守护下，一批批年轻的“飞鲨”飞行人才从这里起航，飞向远方。

薪火相传　砥砺前行

“契合了人们对时代精神的呼唤，才会让人们产生共鸣”

在空勤食堂的东南角，有一个小菜园。没有飞行任务时，飞行教官曹先建喜欢去刨刨土、种种菜，何时浇水、施肥、修剪他都精打细算。

耳畔轰鸣阵阵，他感觉飞行教官像耕耘在蓝天的农民，“面朝仪表头顶天”，为了“一草一木”操碎了心。

而在年轻的飞行学员眼中，穿上飞行服时，曹先建就像一尊行走的英雄塑像——

2016年4月6日，曹先建驾机升空训练突遇重大险情。

特情处置规定：飞行员可以立即跳伞。

危急关头，曹先建竭尽全力，试图保住战机，直至坠毁前的最后两秒钟，他才拉动座椅上的弹射手柄。因为高度不够，降落伞没有完全打开，他重重摔到了海面上，导致胸椎、腰椎、尾椎等多处爆裂性骨折……

21天后，张超驾驶战机进行陆基模拟着舰飞行，飞机突发电传故障。同样为了挽救战机，张超壮烈牺牲……阴霾，笼罩了舰载机飞行事业。

听到战友牺牲的消息，躺在病床上的曹先建，热泪奔涌。

复飞，一定要复飞！第一次手术之后不久，伤口还没完全愈合，使用6颗钢钉将骨折的腰椎固定住的曹先建，就在病床上开始了艰苦的恢复训练。

可医生的初步诊断是残酷的：摔这么严重，按照他们的经验来看，复飞已无可能。

解放军总医院的专家何勍，至今记得曹先建当时的眼神，“交流的时候他就说，不管采取什么方法，最好是能够保证他做完手术以后能够继续飞行”。

舰载战斗机飞行员着舰，需要负重至少4个G的载荷，腰椎的支撑尤为重要。专家组为此专门制订了手术和康复方案，但要想成功，曹先建需要承受常人难以想象的痛苦。

第二次手术前，他又提出了一个让医生惊讶的要求：“手术不要用麻药！”

“上次手术用麻药后，感觉对我的反应能力好像有点影响。”

“不用麻药，从你腰椎拧下1颗钢钉可以，但拧下6颗，风险太大了，也没人受得了！”

最终，在院方反复斟酌麻药剂量、最大限度降低麻药影响的前提下，曹先建才同意使用麻药。

那天，躺在麻醉台上，曹先建又梦到自己正在飞行，蓝天碧海之间，威武的航母编队尽收眼底……

复飞时刻，当他驾驶歼-15战机精准钩住拦阻索，当天的舰载机着舰指挥官、“航母战斗机英雄试飞员”戴明盟，毫不犹豫地打了高分。

“英雄重返海天，不仅仅是新闻事件。”孙宝嵩说，“契合了人们对时代精神的呼唤，才会让人们产生共鸣。”

张超的电脑里，保存着一份歼 -15 战机实际使用武器的教学法，只有 3000 多字。这是他牺牲前结合自己实际使用武器的经验，利用休息时间整理出来的。

张超牺牲后，大家利用他整理出的 200 多份视频资料、2 万多字的心得体会，对那份教学法进行补充完善。

“今后，每一个学习歼 -15 战机武器使用的年轻飞行员，都会记住张超的名字。”孙宝嵩说。

火炬在，就有光。

飞行教官驾驶歼 -15 战机依次起飞开展双机编队训练（万全　摄）

从张超手中接过“火炬”的，还有一批批更年轻的舰载机飞行学员。张超住过的那个房间，现在住进了 1996 年出生的飞行学员，比张超整整小 10 岁。隔壁房间里，曹先建正在给他们准备授课教案。

有些力量，注定在教学和课堂之外。

从陆基到舰基，从单机到编队，从近海到远海，从改装培养到与生长双轨并行，舰载机飞行人才队伍以一种加速度的方式传递着“火炬”。尽管前方布满荆棘，但他们内心充满坚毅与自信。

《解放军报》2021 年 12 月 29 日

逐梦，在新时代的“大课堂”里

——记矢志强军的海军航空大学某基地舰载机飞行教官群体

魏 兵 钱晓虎 李 唐 杨 皓

天边传来轰鸣声，一张张年轻的面孔，驾驭歼-15战机出现在预定空域。航空塔台内，一双双充满血丝的眼睛，紧紧盯着屏幕上不断跳动的参数。

近了，更近了！航母敞开了宽广的胸膛，随时准备迎接与雏鹰的第一次拥抱。此刻，在场的官兵都屏住了呼吸。

随着一声拉动弓弦般的脆响，舰载机的两个后轮“拍”在甲板上，机腹后方的尾钩精准地钩住了拦阻索，战机掀起的气流，猛然涌向两侧，激起了一缕青烟，一个象征胜利的巨大“V”字出现在甲板上。

掌声和欢呼声瞬间激活了所有人紧绷的神经，一颗颗揪着的心一下子舒展开来。

迎着寒冷的海风，中国海军新一批舰载机飞行员通过航母着舰资质认证，创下了单批认证人数最多的新纪录。

此刻，教官、学员紧紧相拥，站在这片与他们共同见证了使命、见证了梦想的甲板上。

在壮志凌云的学员眼中，星辰大海之间的坐标，勾勒出一个时代的“大课堂”。

在历经风雨的教官看来，他们的每一次转型、跨界、重塑，均是时代的“大手笔”。

时代的风生水起，带给中国军队更多意想不到的“馈赠”。从“1”到“N”的量变积累，从“飞”到“战”的质变跃升……作为航母力量建设的核心环节之一，海军航空大学某基地肩负改革之重，舰载机飞行教官群体为战育人、敢于担当，打造出舰载机飞行人才培养的“中国样本”。

逐梦海天，矢志强军，他们奋飞在新时代的“大课堂”里……

新痕·旧痕

“航母舰载机事业，靠一个人不行，靠一代人也不行。时代早已教会了我们如何选择”

“雏鹰”的航迹，仿佛绘出一个“镜中的我”。教官王勇眼眶一热。他，忘不了自己第一次驾机着舰的那一刻，更忘不了中国舰载机飞行员第一次驾机着舰的那一刻——

2012 年 11 月 23 日，王勇的飞行教官、“航母战斗机英雄试飞员”戴明盟一着惊海天，以一道完美的弧线，定格了中国海军“航母时代”的镜像。

“可你知道吗？着舰时，戴明盟已经 40 多岁了……”

从一个人到一群人，从 40 多岁到 20 多岁，舰载机飞行人才培养的历史性突破，饱含着飞行教官们太多的心血和汗水。

“航母舰载机事业，靠一个人不行，靠一代人也不行。时代早已教会了我们如何选择。”王勇意味深长地说。

我国在舰载机飞行人才培养体系方面完全是从零开始。通过初级阶段“量的积累”摸索出的方法，是不是适合更多的后来人？如何用最少的代价办最多的事情，获得最大的效益？

这意味着，现在以及未来一段时期内每个培养班次都是在提供标准和方法，一代代舰载机飞行教官都要承担这种探索和选择。

一次训练，教官杨勇进行战术机动时，屏显系统突发故障，飞行高度、速度、姿态等重要参数信息都无法显示。

紧急返场，在旁人看来，摆在杨勇面前的选择只有两种：一是像陆基战斗机一样“正区”着陆，这样最安全；二是仍然实施“反区”着陆，但为了安全，应该选择更合适的着陆位置。

然而，杨勇作出了第三种选择：着舰应该怎么飞就怎么飞！

本是“刀尖起舞”，何况“蒙眼”飞行，这个选择让现场所有人都捏了一把汗。事后，杨勇道出内心真实的想法：“海上作战，任何情况都可能遇到。这次特情，是摸索提升着舰技术的好机会，也正好给学员们探探路。”

“5、4、3……”回到惊魂时刻，杨勇凭着过人胆识、过硬本领，与 LSO 密切配合，在“黑区”精准触地。漆黑的轮胎擦痕，记录下这一次完美的着陆。

如今凝视这片“黑区”，一道道擦痕新旧叠加，早已分辨不出哪一道是当时留下的。

而在杨勇看来，这片“黑区”投射着舰载机飞行教官的“精神疆域”——无论这一落多么惊险、意义几何，都不过是一道寻常的擦痕。而每一次对前路的探索，无数个热血的选择就藏在这一道道擦痕里。

未知 · 应知

“尽管道路漫长，也许要经过几代人的付出，但我们不能满足于做赶路者，还要勇敢去做领跑者”

渐次亮起的舰面灯光，记录下舰载机飞行员突破夜间起降难关的历史时刻。

首个升空的身影，是基地司令员孙宝嵩。紧随其后的，则是王勇。

这是打仗的序列。他们面前，是舰载机飞行员在夜间尝试的一条着舰新航线。

“一片漆黑，除了座舱仪表，什么也看不见。”孙宝嵩告诉记者，海空难辨，极易产生错觉，对人的心理是一个巨大的考验。尤其是着舰前的那段时间，飞行员在一个很低的高度，以很低的速度操纵飞机，却看不见航母，也看不见海面，“看不见是最令人恐惧的”。

“最后一段反而简单了。”孙宝嵩解释说，“看到航母了，你马上能虚拟出一个世界，航母在那儿，下面是海，上面是天。只要确保精确的操控，就能将舰载机降落在航母上。”

尽管他描述得云淡风轻，但不可否认，夜间着舰是国际公认的危险课目。

几个月后，孙宝嵩、王勇带领首批飞行教官顺利取得夜间航母起降资质认证，标志着海军航空大学具备了昼夜间全时域教学能力，我国舰载机事业向前迈出一大步。

从成功着舰的一落惊海天，到常态起落的海天往复间；从改装模式到生长模式，从探索上舰到常态上舰……许多未知的风险和挑战，就像水下的冰山逐渐浮出水面。

“尽管道路漫长，也许要经过几代人的付出，但我们不能满足于做赶路者，还要勇敢去做领跑者。”孙宝嵩谈了自己的认识——

战斗力生成，通常基于前期条件进行，表现为单循环的顺时性发展，但也容易陷入“落后—发展—再落后”的被动局面。最好的办法，就是基于未来作战需求设计牵引训练，由顺时性发展转为共时性发展，在同一时段内干几个时段的事，在主动设计、主动求变中实现跨越。

教官罗胡立丹细心地发现，飞行学员在执行一些指令时，普遍存在短暂的迟疑。

“指令冗长，不利于飞行员及时作出反应，能不能精简指令，建立一套更加符合汉语习惯的指挥术语？”罗胡立丹的这一想法，起初并没有多少人在意。

“汉语博大精深，一个词甚至有几十个意思。在未来实战中，当我们要琢磨某个词究竟是啥意思的时候，错失良好的战机就会成为大概率事件。”罗胡立丹说，其实，我军为了避免“误听”，在实战中也有很多创造性做法。比如，“1、7、0”3个容易混听的数字，不说是“壹、柒、零”，而说是“幺、拐、洞”。作战讲求精准，要从“有话好好说”开始。

“今天要做好今天该做的事，也要努力去做明天该做的事。”在两个多月时间里，罗胡立丹带领团队连续攻关，一条指令一条指令地修改，一遍又一遍地模拟指挥，一次又一次地征求意见，最终形成了一

飞行教官登上战机准备开训（万全　摄）

套精简高效的指挥术语体系。

作家博尔赫斯说，我们有两种看待时间大河的方式：一种是从过去，时间不知不觉地穿过此刻的我们，流向未来；还有一种比较猛烈，它迎面而来，从未来，你眼睁睁看着它穿过我们，消失于过去。

从现实方位到未来擘画，舰载机飞行教官们有一种独特的“清醒”。

那年，杨勇受命参与舰上最大起飞重量试飞任务。根据计划，他需要试飞不同载重的战机。

当杨勇驾驶中段载重的战机起飞后，明显感到战机迎角比预先设定参考值大。飞行一结束，他判读参数后发现，已经接近该型机最大安全迎角。

如果继续增加载重，飞出舰艏后的迎角会更加明显，势必危及飞行安全。“性能到此为止了吗？”

“能不能在战机飞出舰艏后立刻推杆抑制机头上扬，从而把迎角控制在安全范围内？”杨勇将目光放到了平时研究的飞行方法上。

杨勇的想法让陷入僵局的任务重现曙光，最终成功标定舰上最大起飞重量，为全面掌握战机操纵性能积累了宝贵经验。

孙宝嵩将这归结为舰载机飞行员“对未知的热爱，对应知的执着”。而这些，恰是“拓荒者”最得心应手的工具。

“去做事，把时间填满吧！”下一个起飞时刻，他们初心依旧，激情依旧。

有我·忘我

“这个时代里，不缺用身躯去铺路的人。尽管路途艰难又布满风险，但奋斗者并不孤独”

这是一道不期而遇的考题——

刚飞离航母甲板，上级命令任务时间推迟数十分钟，机舱里的王勇陷入两难。

是在空中待战，还是申请着舰重新起飞？空中待战可能会导致返场油量不足，重新起飞又可能错过进攻的关键节点。

每一秒都变得沉重起来，“两个可能”在大脑里快速进行解算。通过计算任务时间和油量，王勇大胆判定可以空中待战。

战斗打响，王勇赢得主动，占尽先机。然而，许多人不知道，当王勇驾机降落时，飞机所剩油量已逼近极限。如果估算和操控稍有偏差，后果不堪设想。

精准是舰载机飞行员的行动“铁律”。这精准，不单是着舰时对“黑区”的精准把握，更是对战机状态和任务形势的精准认识。

舰载飞行操纵方式不同于普通飞行，想掌握精准没有任何捷径，每一项“日常”都要以极为苛刻的标准来完成。

晚 2 分钟行不行——一次战术训练，受逆风影响，一名学员比预定时间晚 2 分钟到达点位，受到罗胡立丹的严厉批评：“贻误战机 1 秒钟，都可能遭到毁灭性打击。”

误差 1 米行不行——一次模拟着舰，一名学员因高度保持上误差了 1 米，被王勇打出低分：“标准 300 米就是 300 米，绝对不能是 301 米或 299 米。”

驾驶十几米长的庞然大物精准平稳地在航母上起降，需要飞行员日复一日地不断雕琢技艺，精益求精。

只有我们这样严苛吗？飞行教官艾群有自己的见解。

一次着舰训练，多架战机空中列队。前一架次着舰后，拦阻索因受损必须更换。后续战机是否需要“暂停”等待？没想到，舰面操作员发出确定信号：继续进行，按时着舰。

“那是疾风闪电般的着舰间隔。舰面战友就在我们认为似乎不可能的时间里，快速精准地更换拦阻索，确保战机依次着舰。严丝合缝，一点都没卡！”这让艾群感慨万千，“航母事业是个‘巨系统’，每个战位都是不可缺少的重要一环。在各个战位运转的大体系中，精准是基本素养。”

舰载机飞行员被称为“刀尖上的舞者”。在“刀尖上起舞”的又何止是飞行员。舰载机在离舰的瞬间，一旦偏离跑道，高达上千摄氏度的巨大尾喷，就可能流扫到旁边的起飞助理……

舍我其谁的胆气，是面对高危事业一不怕苦二不怕死的无畏，是“刀尖上”不离不弃地守望与升腾。

“这个时代里，不缺用身躯去铺路的人。尽管路途艰难又布满风险，但奋斗者并不孤独。”王勇讲起一个故事。

一次特情课目训练，飞行教官丁阳驾机在高空按指令“单发关车”，等待飞机达到边界状态。

取得预期效果后，指挥员下达重启指令，但监控画面中启动信号灯并未点亮。

1 秒、2 秒、3 秒……战机在空中晚启动 1 秒，风险就会成倍增长。

时间仿佛在这一刻静止，塔台陷入一片寂静，只见屏幕上的参数不断刷新。

座舱里，丁阳的神经同样紧绷，他一边观察仪表参数，一边控制飞机姿态。手指放在重启按钮上，却迟迟不肯按下。

边界值越来越近……他悬着的手指终于按了下去。

“启动成功，转速、温度正常！”接到丁阳的报告，在场所有人为之振奋。一项新的极限数据被记录下来。

驾机着陆后，大家以为当时是通讯出现了故障，丁阳却坦言：“晚几秒钟作出响应，是我自己想验证飞机的真实极限。我多担一分风险，带教时就多一分经验，打仗时就多一分胜算。”

这条硬汉，并不是“特殊材料”做成的。高强度的飞行，让他患有严重的腰椎间盘突出。一次飞行结束，他差点爬不出座舱……

为啥这么拼？丁阳说，自己忘不了张超。“在航母事业的征途上干得越久，越能清晰地感受到他带来的情感冲击。我有幸和他共处一个时代，一个能够把数代人用生命凝聚的梦想变为现实的时代，并不是每个时代的人都能如此幸运。”

强军有我，强军忘我。此刻海风渐起，又一批年轻的飞行员成功驾机着舰。

“乘风好去，长空万里，直下看山河。”对于逐梦海天的舰载机飞行员来说，他们从辛弃疾词作中读出了一种理想主义和英雄情怀。

《解放军报》2021 年 12 月 28 日

航　线

孙伟帅　杨　皓

短暂，又是永恒。

海天之间，“飞鲨”战机宛如巨椽之笔，画出了一道道令人震撼的不规则航线。

这一道道航线，仿佛伟大的艺术家激情挥毫创作出的先锋艺术。凝视这幅“画作”，激情，在眼前燃烧，力量，在耳畔回荡。

巨大的轰鸣声中，“飞鲨”战机降落在航母辽宁舰。

此刻，风吹过，空中的航线已荡然无存。

这，是中国航母战斗力建设又一个历史性的时刻——新的一批舰载机飞行员以完美表现加入了中国海军“尾钩俱乐部”。这批年轻的舰载机飞行员，创造了中国舰载机飞行员培养的一系列之“最”——单批认证人数最多、平均年龄最小、飞行时间最少、认证周期最短。

这些年轻的舰载机飞行员为什么能这么快、这么好飞上航母？

因为他们有一群技艺高超的师父——海军航空大学某基地舰载战斗机飞行教官团队。他们用自己的勇敢、热血、智慧，为后来者铺就了一条飞上航母的完美航线。

站在时间的坐标轴上，仔细打量这支站在航母战斗力建设舞台幕后的队伍，会发现他们是一支如此年轻的团队。

如果继续在时光长河中溯流而上，会发现这又是一支有着深厚历史、背负着万千国人期望的团队——从 2012 年 11 月 23 日“航母战斗机英雄试飞员”戴明盟在辽宁舰上成功完成“惊天一落”，中国的航母事业和航母舰载机飞行员培养之路一直在进行。

这群“帅气指数爆表”的舰载机飞行教官，在他们自信的眼神里、爽朗的笑声里、满是老茧的大手中，瞥见了一个又一个时代奋斗的细节。这些细节或热血，或欢笑，或沉重，或激昂……在他们如星辰般的飞行片段里，可以看见他们在航母战斗力的“荒原”闯出的一条条闪光航线。

这航线中，有坚持，有热血，有梦想，有信念，一路生花。

清晨朝阳 · 金色航线
——“因为他们相信未来，所以我们拥有现在”

一道红光刺穿海上的浓雾，一点、一点，积聚着能量，将沉在海平线下的太阳拉出海面。瞬间，红色的霞光洒满海面。

“轰——”巨大的轰鸣回荡在清晨的天空，两架“飞鲨”战机快速起飞，朝着初升的朝阳飞去。透过座舱玻璃，飞行头盔下一双眼睛炯炯有神，自信满满。

他是孙宝嵩，海军航空大学某基地舰载机飞行教官。今天的飞行，是孙宝嵩腰椎手术后的首飞，他期盼已久。

孙宝嵩已记不清这是第多少次驾驶歼 -15 迎着朝阳起飞。每一次看到心爱的战机被朝阳染成金色，孙宝嵩都会陶醉其中。这是他最享受、最惬意的飞行时刻之一。这样的时刻，他能“清晰地感觉到身体内热血涌动”。这种热血涌动的感觉，从孙宝嵩第一次翱翔蓝天便伴随

双机编队训练中，这是飞行教官驾驶歼－15战机次第滑向起飞线（万全　摄）

着他。现在，作为教官，他不仅要把飞行技术教给学员，还要把这份热血的感觉也传递给他们。

热血涌动，源于使命召唤。

孙宝嵩的外公是抗美援朝战场上的一名军医，经历了那场立国之战的血与火。2021年国庆节，孙宝嵩走进影院观看电影《长津湖》。一向刚强的孙宝嵩，忍不住红了眼眶。他仿佛看见了外公的青春，看到了外公那一代中国军人如何用胜利告诉世界“中国是不好惹的”，也看到了自己这一代军人为中华民族伟大复兴护航的时代使命。

在此之前，看了《1950他们正年轻》，孙宝嵩将电影里的那句话抄录在笔记本上：因为他们相信未来，所以我们拥有现在。

此刻，孙宝嵩又一次真切感受到这句话蕴含的巨大力量。这力量，也让作为中国海军首批舰载机飞行员之一的孙宝嵩，又一次想到了中国航母的发展之路。

2012年11月23日，戴明盟驾驶歼－15战机在航母上成功实施拦阻着舰和滑跃起飞，由此，也拉开了第一代舰载航空兵在“无人区”跋涉的序幕。

孙宝嵩就是在这个时候，加入了这支英雄的团队。

很多学员看过孙宝嵩的经历，都惊呼：“这样的人生就像一篇开了挂的‘爽文’。”

孙宝嵩是目前舰载机飞行教官团队中唯一拥有陆、海、空三军经历的牛人——

1998 年，孙宝嵩考入原沈阳炮兵学院。大一，表现优异，孙宝嵩入了党；大二，参加比武，孙宝嵩拿了军旅生涯中第一个三等功；大三，没和家里商量一句，孙宝嵩参加了招飞选拔。从飞行学院毕业，孙宝嵩被分配到空军某王牌部队，迅速成为骨干飞行员，并在空战比武中捧回了“金头盔”。

就在所有人以为孙宝嵩的人生航线将朝着一个既定方向飞去时，孙宝嵩又一次作出了大胆的选择——参加海军舰载机飞行员选拔，并顺利通过。

从陆军绿，到天空蓝，再到浪花白，孙宝嵩自己都觉得不可思议。“现在回想自己的经历，我觉得是时代给了我这样的机会和舞台。”孙宝嵩说，“既然作出了选择，那就要把这份使命扛到底。”

满怀一腔热血，肩负时代之重。孙宝嵩来到组建不久的某基地报到。现实很快泼了他一盆冷水。

“下一个课目是什么，不知道；什么时候能毕业，不知道；甚至，明天到底有没有飞行计划，也不知道。”孙宝嵩用 3 个“不知道”概括刚来基地时的境况。全新的着舰飞行技术、全新的战术、全新的海域、全新的战场……摆在他和战友面前的，是“一张连标准答案都没有的考卷”。

那段时间，只要有机会飞，孙宝嵩必定倾尽全力。训练回来，“恨不得把每一秒钟的飞行心得都写下来”。飞完就总结，总结了就记录，记录了再和战友们研讨，研讨完继续写下来，最后编进他们自己的《尾钩》杂志。这样一个看似笨拙的方法，却实打实地给后来的舰载机飞行人才培养蹚出了一条路子。记录在孙宝嵩电脑里的十几万字心得体会，后来都“溶入”舰载机飞行员施训大纲的蓝本初纲里。

和孙宝嵩同期的艾群，也在电脑里存储了大量早期飞行的经验体会。他“曾以为自己大学毕业后，就再也不用写那么多字。没想到越写越多，而且越来越能写”。

从舰载机飞行员到舰载机飞行教官，每一次看到学员们驾机起降，艾群都像看到那时的自己。

“但他们比我们幸运。”艾群笑着说，语气里带有一点羡慕，“我们那时候没经验，没教材，连飞机都少，简直是‘三无’产品！”艾群用东北话幽默地说道。

这是艾群擅长的方式——用幽默乐观，度过了舰载机飞行事业发展初期的举步维艰，度过了痛失战友的至暗时刻。现在，艾群也用这样的方式带给学员自信和希望。

第一回飞上航母，艾群是唱着歌去的。驾驶着歼-15 战机，艾群终于看见了航行在万顷碧波之上的航母辽宁舰。在此之前，航母只存在于新闻里和他的想象里。而此刻，巨大的航母，在他的视线里，成为“一张漂在大海里的树叶”。

哼一句《我爱祖国的蓝天》，艾群调整战机姿态，对正跑道，放下尾钩。轰鸣声传来，歼-15 两个主轮接触甲板的一刹那，激起了两道烟尘。瞬间，机腹后的尾钩精准地挂住第三根拦阻索。呼啸而来的战机滑行数十米后，稳稳地停了下来。

短短数十秒，成为艾群无限回味的人生片段。每一帧，都无比珍贵。

那天，在航母上成功着舰的艾群与战友们庆祝合影。相机快门按下的前一刻，艾群从胸前的口袋里掏出一把小手电。他用力地握住手电，将它再次贴近自己的胸口，微笑着拍下成为“尾钩俱乐部”成员后的第一张照片，眼中却已泛起泪光。

这把小手电的主人，是艾群同期的战友，也是他的同屋室友——张超。2016 年 4 月 27 日，就在他们飞上航母已进入倒计时阶段时，张超在陆基模拟着舰训练中，壮烈牺牲，用自己年轻的生命为中国航母事业立起了一座熠熠闪光的“航标”！

就在张超牺牲那一天的早上，基地炊事班的战友们早早起床，为飞行员们准备饭菜，也要为孙宝嵩准备上一碗长寿面。这是基地成立以来的传统。那一天，一桌子饭菜端上桌，又端下去热，热过几次，依然没有人吃上一口。也是从那一天起，孙宝嵩再也没有过过生日。

那是中国航母舰载机发展路上最悲痛的一个月，曹先建重伤，张超牺牲，部队士气陷入了前所未有的低谷。

“任何伟大事业在前进的路上都会遇到坎坷，但我们不能就因此原地踏步！”孙宝嵩激励战友们。停飞一个多月后，在一个阳光明媚的日子里，孙宝嵩第一个跨上战机，升空起飞，用喷薄的尾焰再一次点燃心中的希望。

“几代人昨天的努力和探索，已经累积成为今天我们可感可触的舰载机航迹。守望并践行我们今天的梦想，才能收获并拥有灿烂的明天。”孙宝嵩动情地说，“现在，我们想让学员知道，因为我们相信未来，所以他们的未来必定更加精彩。”

的确，当我们见到这些充满激情的飞行教官，看到他们在战机上闪闪发光的时候，他们展现出的不仅仅是个人过硬的飞行技术，还有托举一批批年轻飞行员飞上航母的为国担当。在那一次次血脉偾张的起飞降落中，我们从他们拼搏的身影看到了几代中国航母人梦想的星辉。

面对祖国的呼唤，舰载机飞行教官们在时代的鼓点里迎风起飞，用青春热血点燃头顶的绚烂朝霞，把为国飞行的涓滴信念、把守卫海天的使命担当汇成金色航线。

艾群办公桌旁的书柜里，摆放着自己完成航母资质认证的奖杯和奖章，摆放着学员完成资质认证与他的合影。这样的办公“配置”，几乎在每一个飞行教官那里都有极其相似的“复刻”——这是他们的幸福和骄傲之所在。

那个一抬头便能看见的书柜，是飞行教官们与航母、与舰载机的情丝凝结。那一座座奖杯、一张张照片就是一群“符号”：有航母舰载机事业的过去和现在，有他们蹒跚中探索的技术路线，有他们执着中得到的人才培养路径，也有他们拼搏追赶的目标。

午后风雨·蓝色航线
——“这世上所有的奇迹都有另一个名字，叫全力以赴”

一缕阳光透过厚厚云层，照进海底。不远处，包裹着大量水汽的积雨云仍在释放威力。

航母甲板上的雨水还未干透，浅浅的水印将天空的倒影折叠在甲板上。

顺着航母 LSO 的声音眺望天空，一架“飞鲨”战机正全速冲向航母甲板。10 多秒后，尾钩稳稳挂住拦阻索，战机速度瞬间从每小时几百公里骤减为零，巨大的过载压力如电流般传遍飞行员身体的每根毛细血管。

打开座舱，曹先建走下战机。摘下头盔，汗水一滴一滴落下，曹先建抹了把脸，微笑着向航母上的战友们挥手致谢。

这是再平常不过的一次起飞降落。可在很多人眼中，这寻常的起降并不寻常，因为飞行员是曹先建。

凡是听说过曹先建故事的人，都认为他能够再一次翱翔海天是一个奇迹。

飞行训练结束后，飞行教官曹先建对学员进行飞行后讲评（姜涛 摄）

5年前，曹先建在陆基模拟着舰训练中，经历了几乎致命的12秒。那一幕，至今仍清清楚楚地刻在曹先建和他同期战友的心里。那个时候，他和战友正为成功在航母辽宁舰起降，做着最后的冲刺。谁也没有想到，意外发生了。飞机突发故障，曹先建拼尽全力，想要挽救这架造价数亿元的战机，可无论如何操作依旧无济于事。

直至飞机坠毁前的最后2秒，曹先建才拉动弹射手柄。而那时，高度已经很低很低，降落伞还没有完全打开。就这样，曹先建重重“砸”到了海面上，胸椎、腰椎、尾椎等多处爆裂性骨折……

对一个飞行员来说，这样的重伤几乎是毁灭性的。即使在那样的时刻，曹先建心里想的问题仍然是“我还能飞吗？”

躺在病床上的曹先建，用期待的眼神看着医生。而医生的眼神却似乎在告诉他，他的飞行梦、航母梦、海天梦可能破灭了。没过多久，噩耗传来——曹先建的同期战友张超在训练中壮烈牺牲，在距离飞上航母梦想一步之遥处折翼海天。

巨大的悲痛，如洪水般袭来。身心的双重打击，让曹先建偷偷流下泪水。可他不想就此放弃。他在心里告诉自己，“我可以，我一定能再飞起来”。

过去的多少个清晨，曹先建和战友们迎着海上日出，提着飞行头盔，登上心爱的“飞鲨”，他知道，自己飞出的每一条航迹，都在勾勒中国航母事业的美好未来；又有多少个夜晚，曹先建和战友们都在挑灯夜战，总结飞行体会。他明白，自己走过的每一步都要留下足迹，让后面的人沿着这条足迹走得更远。

为了早日重返蓝天，伤口刚拆线，曹先建就缠着医生为自己制订康复运动训练计划。从慢慢站起，到慢慢行走，再到力量训练，曹先建忍受着巨大的疼痛、凭借着顽强的意志让自己的航母梦又一次燃烧起来！

惊人的毅力铸造了一个奇迹：身负重伤 419 天后，第二次手术后复飞仅 70 天后，曹先建驾驶着歼 -15 飞向辽宁舰，精准地钩住辽宁舰甲板的 3 号拦阻索。

2017 年 10 月 19 日，曹先建作为党的十九大代表出现在公众视野里。在回答记者提问时，他谈到自己曾身受重伤，但为了忠实履行自己的使命，为了驾驶“飞鲨”继续驰骋海天，他必须勇于攀登高峰，挑战自我。

一支军队的胜利，从来都饱含着牺牲。

一项伟大的事业，从来都凝结着鲜血。

陀思妥耶夫斯基说，苦难是什么？苦难应该是土壤。只要你愿意把内心所有的感受隐忍在这个土壤里，很有可能开出你想象不到、灿烂的花朵。

现在，谈起 5 年前的生死一瞬，曹先建的语气中透着一股风轻云淡，简单的描述仿佛是在讲述别人的故事。成为教官后，曹先建还会主动和学员讲起那次事故，讲述最后那 12 秒里的每一个操作动作。

对飞行学员来说，曹先建在苦难中绽放的“花朵”，可以被称为奇迹。

曹先建自己却说："这世上所有的奇迹都有另一个名字，叫全力以赴。"

正是凭着全力以赴的拼搏劲头，当年"中国航母舰载机何时能形成战斗力"的质疑，在一代又一代舰载机飞行员的接力中被打破，当初自嘲为"三无"产品的中国航母舰载机飞行员从0走到1，从1走到N，"尾钩俱乐部"那一面空白的照片墙上出现了越来越多的新面孔，中国航母舰载机事业正在以常人想象不到的速度快速成长！

2021年国庆节，海军航空兵招飞宣传片《海·选》刷屏网络。短片的男主角，正是海军首批生长模式培养的舰载机飞行员张宇亮。

短片中，张宇亮自信从容，几句话点燃了台下中学生的热情。无论是短片里听故事的学生，还是短片外看得津津有味的网友，都没有想到这位年轻教官不久前在飞行训练中突遇战机发动机故障。

年轻的教官带着年轻的学员，在1分多钟内完成了近百次判断和操作，每一次都是零失误！

一个问题，不可避免：面对危险、面对死亡，你们真的不怕么？

舰载机飞行教官们给了记者同样的答案：国为重，己为轻！他们用努力与执着做伞，抵挡着迎面袭来的狂风暴雨；用自己的热血和青春将遮挡在海天间沉重的"积雨云"化成温暖的七色光，让每一次起飞、每一次降落、每一次战斗长成厚实的勋章，化成与海天融为一体的蓝色航线。

午后，冬日温暖的阳光洒进梁李彬的宿舍。窗外，一架教练机刚刚升空。梁李彬顺着阳光望向战机，然后慢慢闭上眼睛，享受这一刻室内静谧与室外轰鸣的交织。

窗台上，一盆蟹爪兰正在怒放。

夜色星空·梦想航线
——“什么是新时代？就是每一个平凡的人都可以梦想成真的时代”

夜色深沉。正在飞行的一架歼－15战机上，亮起红绿两盏灯，混入周围繁星，点亮了墨色天幕。

一颗闪亮的流星从远方飞来。瞬间，流星的尾光与战机亮起的明灯在夜空相遇交汇，来不及“问候”，便又朝着各自的方向飞去。

这浪漫的一幕，映进了王勇的眼里。飞行归来，王勇给爱人发信息：“今天夜航，看到了流星，但没来得及许愿。”

这是王勇难得流露出的柔情一面。大多数时候，这个被学员称为“黑脸教官”的男人，总是给人一种威严感和距离感。就像现在，即便他说着见到流星想要许愿，但他清醒地知道，愿望和梦想的实现只能靠自己。

经过层层筛选，王勇来到了海军舰载机部队。用他自己的话说，那一天，他和全国的中小学生一样——开学了。当天晚上，王勇在宿舍拨通爱人的电话，视频里，看着出生不到几个小时的儿子，王勇开心地说：“从今天起，咱们要一起成长了。”

在外场停机坪，王勇第一次见到了传说中的“552”——一架黄皮舰载机，几个月前，戴明盟驾驶着它闯出了中国航母舰载机壮丽航线的第一步。望着眼前这架帅气的战机，王勇的内心难掩喜悦。喜悦之后，巨浪般的压力与紧迫感向王勇袭来。从岸基三代机改装舰载机，从生理到心理都要“重构”，最重要的是克服过去长期飞行累积的“肌肉记忆”。

这不仅是王勇要面对的难题，也是当时每一名改装舰载机飞行员要面对的现实困难。想要真正跨进“尾钩俱乐部”不是说说而已。如果做一个更加细致的量化，就是要让时速几百公里的舰载机准确降落到比一个半足球场还小的区域，并在极短的距离内，精准钩住4道拦阻索中的一道。稍有差池，轻则战机冲出跑道坠入大海，重则如一枚高速飞行的导弹砸向航母甲板。

为了练好“反区操纵”，王勇和战友们“几乎把铺盖卷儿都搬到了模拟机旁”。他们清楚地知道，他们“飞行”的快与慢、他们“脚步”的大与小，与中国航母舰载机事业紧密相连。

30多岁的王勇成功通过航母资质认证，他飞上航母的梦想照进了现实。

飞上航母前，王勇曾对着航母模型仔细研究。那一片被舰载机飞行员们称为“黑区”的地方，对他有着极强的吸引力。

黑区，一片像孩子们刮画的区域。每次舰载机起降，都会在航母甲板上叠加上几道漆黑的轮胎擦痕，时间累积，擦痕越积越深，“黑区”由此而来。

对王勇和战友们来说，每一次以身体承受轮胎与“黑区”巨大摩擦力的瞬间，都是一次对未知的探索，都是一次以生命赴使命的冲锋。

在王勇的书柜里，珍藏摆放着具有纪念意义的鸭舌帽。其中两顶黄色的、绣有“TOPHOOK”字样的帽子，是他取得两次“金尾钩”得到的。难怪，不少学员私下把他看作“飞行技术天花板”。

王勇的偶像又是谁?

成为舰载机飞行员之前，王勇曾是著名的“海空雄鹰团”的一名飞行员。那时，还是个毛头小伙子的王勇把自己的飞行大队长当成追赶的偶像。这位大队长，不久之后“神秘”地离开老单位。再见时，他已是成功着陆航母第一人——戴明盟。

追随着偶像戴明盟的航线，王勇来到了舰载机部队，成为早期中国航母舰载机飞行员之一，成为值得信赖的 LSO。王勇从偶像的手里接过旗帜，成为新一代“飞鲨”教头。王勇无时无刻不在体味着祖国海空带给自己梦想成真的幸福感与成就感。

即使飞过许多许多次，王勇依旧会被大海的广阔震撼，就像从前，遥望大别山，年少的他总会感到一股力量在心中回荡。依靠大山，又渴望走出大山，可能是每一个生在山区的少年心中的纠结。有一年春节，父亲带着只有 10 岁的王勇去给人拜年，王勇收到了生平的第一笔“巨款”——一份两百块的压岁钱。回家的路上，懂事的王勇把钱塞进父亲兜里，然后陪着父亲走到集市，用这笔钱买回了给家里遮风挡雨的玻璃。上军校，王勇会把每个月的津贴全额寄回家中。每一次在汇款单上签下自己名字的时候，他都觉得自己长大了。

一路飞翔，王勇飞上了最先进的战机，见过了祖国的大好河山，感受过辽宁舰到访中国香港时的热血澎湃，还捧回了一枚“全国五四青年奖章”，带出了一批又一批年轻“飞鲨”。轻轻抚摸歼-15 的尾钩，王勇说：“什么是新时代？就是每一个平凡的人都可以梦想成真的时代！”

这是时代的馈赠，他们也必不会辜负时代！

为了让更多年轻人梦想成真，孙宝嵩、王勇、曹先建、丁阳、罗胡立丹、祝志强、杨勇、艾群等早期舰载机飞行员选择集体转身幕后，托举更多年轻飞行员驾驶“飞鲨”战机飞上航母。在他们的精心培养下，年轻一代舰载机飞行员快速成长。

那一次，一条简短的消息占据了各大媒体的头条热榜——

海军航空大学某部组织舰载机飞行教官进行夜间航母资质认证。此次资质认证标志着该基地舰载机飞行教官已具备舰载战斗机昼夜间全时域教学能力。

网友喜欢用“字少事大”形容这样的新闻。的确，这简单的两句话背后，是舰载机飞行教官在教学领域的又一次拓荒，是他们为精准对接战斗力的又一次冲锋。

茫茫夜色中，罗胡立丹驾驶的歼－15 仿佛开启了“隐身”模式。白天，从空中俯瞰航母，只有火柴盒大小，能够成功着舰已是不易，现在，留给罗胡立丹的唯一标识，就是海面上那两道摇曳的指示灯。

舰载机夜间起降，困难与危险都几倍于昼间起降，但，这又是航母战斗力生成的关键技能。

“整个人像是陷入了无底洞，周围没有任何参照物。”罗胡立丹这样形容夜间飞行，“这时候，心理素质是第一位的。”

进入航线，对准中线，放下尾钩，准备着舰！此刻，在罗胡立丹的脸上几乎看不出任何表情，读不出任何情绪，只有一双锐利的眼睛闪着自信而坚定的光。

战机轮胎与航母甲板亲密接触，有力的尾钩钩住了钢铁“琴弦”，胶烟趁着夜色迅速散开。罗胡立丹抬起头，眼前依旧一片漆黑，但他已给航母舰载机事业又点燃了一盏明灯。

时光年轮，记录每一个人的变化；时代际遇，塑造每一个人的人生。这看似巧合的一天，实际上蕴藏着必然——那是自诩平凡的英雄们，在一个个艰难时刻奋力跋涉后，带给我们每个人的荣耀时刻！

“很多学员都会把你们当成偶像。”与新一期飞行学员聊天后，记者向王勇转述了学员们的感受。

王勇不好意思地笑了笑，露出两个浅浅的酒窝，说道：“追赶我们，成为我们，超越我们，这是我们作为教官最大的期待。”

要填满这份期待，需要学员的不懈努力，需要教官的燃烛奉献。这奉献里，有他们 10 多年的飞行经验，有他们“吵”出来的飞行教材，还有他们悄悄埋藏在心底“想飞”“爱飞”的梦想。

王勇的“想飞”偶尔会暴露在朋友圈，一张纯净湛蓝的天空照片会让他“心痒痒”；罗胡立丹的“爱飞”偶尔会暴露在带飞学员时的微

飞行教官丁阳（右一）在地面演练时用飞机模型教授学员战术动作

表情里，每当学员提出让罗胡立丹帮忙保持下飞机姿态，罗胡立丹总是嘴上拒绝，手却诚实地抓住操纵杆……

丁阳转身成为教官后，爱人曾问他："不在一线部队飞行了，遗憾吗？"丁阳回答："虽然我现在少了去一线部队飞行的机会，但是我正在培养千千万万个'我'去飞行、去战斗！但如果有一天祖国需要，我会和他们一起飞向前线！"

在丁阳的笔记本里，抄录着一首诗歌："燃料是点燃自己，照亮别人的东西……生命是用来燃烧的东西……渺小的尘埃，是宇宙的开始。平凡的渺小，是伟大的开始。让平凡的我们去创造新世界的开始。"在他的眼中，梦想是飞行最好的燃料。而他和战友们，正在成为每一名学员成长航线上最强劲的助推剂！

教师节，每一名教官都收到了学员送来的小礼物和一张专门订制的贺卡。王勇至今舍不得拆开礼物的包装。包装上，"执教海天　为战育人"8个字深深打动着王勇的心。丁阳把贺卡珍藏在书柜中最显眼的位置。打开贺卡，一只矫健的雄鹰正振翅高飞。

过去，我们一直仰望别人；现在，我们只需仰望未来！

走近舰载机飞行教官会发现，他们的梦想航线早已在一次次起飞着舰中，与国家的梦想航线融为一体。在奔往未来的航线上，他们都愿躬身为桥、俯身为路。

在前行中，舰载机飞行教官们是也必然是走在时代前列的人。他们看不到自己的背影，在他们眼中，有的只是加速起飞、平稳着舰的航线和对未来的无限希冀。望着他们的背影，我们看到了强军时代在他们身上刻下的痕迹，也找到了他们在航母舰载机事业上立起的坐标。

一批又一批渴望拥抱海天的年轻人，正在他们背影的引领下启程，追随着他们滑跃起飞。

中国军网 2021 年 12 月 27 日

为航母培育更多“飞鲨勇士”

刘小兵

秋冬之际，迎着凛冽的海风，海军航空大学某基地外场，即将迎来舰载机飞行学员航母资质认证的学员们，在歼－15战机前隆重举行考前誓师大会。随后，学员们驾驶战机飞往“考场”——辽宁舰。在复杂海况和航母不断移动的情况下，学员们在着舰指挥官的引导下，依次驾驶战机顺利着舰，以千钧之势精准挂住航母甲板上的拦阻索，瞬间将拦阻索拉成一个象征胜利的“V”字。

这批年轻飞行员驾驶“飞鲨”成功降落航母甲板，再次刷新单批次上舰认证人数最多的纪录。海军航空大学某基地的舰载机飞行教官们，打造出具有中国特色的舰载机飞行员培养路径，实现从“0”到“1”、从“1”到“多”的量变积累和从“多”到“战”的质变跃升，为航母插上战斗力翅膀。

为了“飞向更远的海”

2012年11月23日，对于航母舰载机事业来说具有里程碑意义。这一天，“航母战斗机英雄试飞员”戴明盟驾驶歼－15战机在辽宁舰上实现首次成功着舰，中国航母舰载机飞行员实现了从“0”到“1”的突破。而这一天，参加航母舰载机飞行员选拔的孙宝嵩、王勇、杨勇正在北京体检，他们谁都没有想到，自己会成为舰载机飞行教官，为航母培育更多的“飞鲨勇士”。

舰载机是航母的核心战斗力，舰载机飞行员就是航母战斗力最锋锐的刀尖。当初得知航母舰载机部队招飞的消息时，孙宝嵩刚刚斩获空军首届“金头盔”桂冠，但他坚持“换一条跑道”，执意当一名舰载机飞行员。

尽管舰载机飞行员的风险系数要比一般战斗机高出很多倍，但当选拔小组征求意见时，王勇坚定地说：“就算是刀山火海，我也要闯一闯！”

像孙宝嵩、王勇一样，杨勇、艾群、曹先建等飞行员，为了“飞向更远的海”，从全国各处来到了基地，开始十分艰辛而又充满挑战的训练。

2016年4月27日，年仅29岁的张超倒在了成为舰载机飞行员的最后一次训练中。但张超的牺牲，没有动摇这群年轻飞行员从事舰载机事业的信念，相反，他们以更大的勇气迎难而上，纷纷表示要以更高强度、更高水平的训练向烈士张超致敬。不久，孙宝嵩等一批舰载机飞行员转变为飞行教官，勇敢地扛起舰载机飞行人才培养的时代重任。

“这些教官都有着坚定的信念和强烈的使命感，他们对学员倾注了大量心血。”基地政委李明说。2020年冬季，教官杨勇与学员驾驶战机进行高空课目训练，当达到万米高空时，战机突发故障。为了民航飞机安全，杨勇没有贸然下降高度。生死关头，指挥塔台立即与民航部门协调，指挥杨勇紧急下降高度。当时，杨勇强忍身体不适，与战友密切协同，成功返场。

“白手起家”闯出新路

“那年，我们成了舰载机飞行教官，但当时面临很多困难。”飞行教官丁阳感慨地说，那时没有现成的教案，大家只能边训练、边总结、边完善，逐渐把只有几页的教材写满写厚。

为了尽快形成舰载机飞行人才培养体系，第一批舰载战斗机飞行员孙政雄带着飞行教官们悉心摸索，加班加点工作。在编写飞行手册时，为确保低空山谷飞行课目相关动作与数据的准确性、安全性，王勇、艾群等教官对桥梁、电线杆等可能危及低空飞行安全的障碍物逐一进行标注，又通过一遍遍的飞行精准验证每个数据，最后形成一条安全科学的低空航线。丁阳、曹先建等教官“客串”训练参谋，从最基础的训练计划开始逐步完善。祝志强、罗胡立丹、杨勇等教官担任课目负责人，逐个专业攻关破难……他们用资料的“厚度”奠基了舰载机飞行人才培养的“高度”。

曾经，“吵架”成了飞行教官们常见的沟通方式。“当时大家都在摸着石头过河，最开始谁也不知道标准是什么，谁也说服不了谁。”基地政委李明说，每一次“吵架”只有一个结果，便是达成共识；而每一次共识的形成，便是又一个探索成果的固化。正是靠着这种较真的精神，他们先后制定了《歼－15飞行训练大纲》《歼－15飞行手册》《教练机飞行手册》等多种教学资料，规范了组训流程，为走出具有中国特色的舰载机飞行员培养新路奠定了基础。

舰载机飞行员的职业生涯是有限的。孙宝嵩认为，只有使飞行学员尽早完成上舰飞行，人才培养使用的效益才能大幅提升。最优的方式是从高中毕业生中招收飞行学员，进入航空大学直接培养。那年，飞行教官期盼的海军首批生长期班学员如期而至。为探索生长期班学员上舰培养之路，教官们边组训边探索，最大限度激发学员潜能。随着首批生长期班学员全部成功着舰，一条以生长模式批量培养舰载机飞行员的路径形成。

这群飞行教官经过反复摸索，闯出了一条具有中国特色的舰载机飞行员培养新路。由此，我海军形成了改装模式和生长模式双轨并行的舰载机飞行员培养格局。

打破“保姆式”训练模式

金秋时节，海军航空大学某基地礼堂内气氛热烈，航母飞行资质颁授仪式在此举行。接过航母着舰资质认证的那一刻，飞行员陈亚凡下意识地挺起了胸。

“别得意，飞行员不等于战斗员！”陈亚凡的教官王勇表情严肃地说。“舰载机飞行员在飞行训练之初就必须树立实战意识。”教官罗胡立丹说。

在一次战术训练当中，由于受到逆风影响，一名飞行学员比预定时间晚两分钟到达规定点位，结果受到罗胡立丹的严厉批评。这名学员委屈地说，风力影响不在个人掌控范围之内。罗胡立丹马上指出，信息化战场瞬息万变，贻误战机一秒钟，都可能遭到毁灭性打击，何况是两分钟。

实战不会有预演。教官们在坚持“精准、守纪、零容忍”的舰载机飞行铁律的同时，打破“保姆式”带教训练模式，在各种危情险局中锤炼学员的实战能力。在一次航线课目训练中，一名学员驾驶战机刚起飞不久，海上雾气越来越浓。对此，教官孙宝嵩当即决定改换训练课目，下令这名飞行学员“转入复杂气象训练课目”。

在舰载机飞行教官群体的积极作为下，低空战术机动、对地突击、空战对抗——这些原本只有在作战部队才会开展的实战化课目，相继成为飞行学员的训练内容。

短评

勇于开拓　不辱使命

舰载机飞行人才培养，是航母战斗力建设的关键和核心环节之一。面对这一全新的事业，海军航空大学某基地舰载机飞行教官群体坚定理想信念，以敢打必胜的信心和前赴后继的牺牲精神，为国砺剑，逐梦海天。他们勇于开拓，不辱使命，带着年轻飞行员一次次滑跃起飞，追求极致，实现了舰载机飞行人才培养的重大突破。他们全力推动舰载机飞行员由“能上舰”向“能打仗”转型，向部队输送了一批又一批能打仗、打胜仗的舰载机飞行员，为航母舰载机事业作出了重大贡献。

“登山不以艰险而止，则必臻乎峻岭矣。”舰载机飞行教官群体敢闯敢试、敢为人先，他们的先进事迹表明，只要以踏石留印、抓铁有痕的劲头攻坚克难，就一定能善做善成，完成既定目标，实现宏大愿景。一代人有一代人的使命，一代人有一代人的担当。时代需要更多像舰载机飞行教官群体那样不畏险、不惧难的英雄人物，需要更多像舰载机飞行教官群体那样有智慧、有担当的带头人物。我们只有像舰载机飞行教官群体那样，以等不起的紧迫感、慢不得的危机感、坐不住的责任感，练就担当作为的硬脊梁、铁肩膀、真本事，才能在实现第二个百年奋斗目标的征程上越走越实。

《光明日报》2021 年 12 月 28 日

海军航空大学某基地舰载机飞行教官群体：铺就“飞鲨勇士”养成之路

张 强 孙 飞 杨 皓

近日的一场特殊飞行，对年轻的飞行员曲坤来说意义非凡——

当天晴空万里，北国冬日的阳光暖意融融。曲坤驾驶有着“飞鲨”绰号的歼－15战机从辽宁舰返航，稳稳降落在海军航空大学某基地机场跑道上，取得了梦寐以求的航母着舰资质。

在该基地舰载机飞行教官们的悉心培育下，包括曲坤在内的又一批年轻飞行员驾驶“飞鲨”，加入了“尾钩俱乐部”。

这些年来，这个平均年龄30多岁的教官群体，先后培养出多批舰载机飞行员，实现了零星培养到批量培养的新跨越，具备了昼夜间全时域教学能力，为航母编队体系作战能力建设作出了突出贡献。

舰载机训练团展开“拓荒之旅”

2012年11月23日，对于航母舰载机事业来说具有里程碑意义。这一天，“航母战斗机英雄试飞员”戴明盟驾驶歼－15战机在辽宁舰上实现首次成功着舰，中国航母舰载机飞行员实现了从“0”到“1”的突破！

而这一天，参加航母舰载机飞行员选拔的孙宝嵩、王勇、杨勇正在北京体检。他们谁都不会想到，以后会从飞行员变成舰载机飞行教官，为实现百年航母梦培育更多的“飞鲨勇士”。

舰载机飞行着舰操纵方式跟陆基飞行时完全相反，要采用“反区操纵”的方式。为了练好“反区操纵”，孙宝嵩和其他飞行员一道，把自己“绑”在模拟机上反复练习。

星光不负赶路人，昼间航母资质认证考核的日子终于到了。

那天，孙宝嵩率先驾机着舰，稳稳地挂上了第二道索，随后，同批其他飞行员依次着舰成功！

培养一支过硬的舰载机飞行员队伍，是航母战斗力生成的关键。

舰载机训练团正式组建成立后，孙宝嵩等一批舰载机飞行员转身成为飞行教官，勇敢地扛起了舰载机人才培养的时代重任。

还记得组建大会上，团长王勇双手擎着军旗发誓：“必须要扛起重任，将团队带好，把培养飞行员任务完成好。”

“时代选择了我们，我们绝不能辜负这个时代。”孙宝嵩、王勇带

飞行结束后，飞行教官王勇（左二）正在为学员们讲评着舰动作（周刚　摄）

领教官团队开始了一场“拓荒之旅”，最终构建出一套系统的舰载机飞行员培养方案。

近年来，低空战术机动、对地突击、空战对抗……这些实战化课目相继出现在该基地训练场上。一场场头脑风暴式的探讨，让教官们对实战化思想理念有了新的认识和理解；一次次实打实的空战对抗，让教官们在不断逼近实战化的条件下检验战术战法。“我们一边探索，一边铺路，为的是让后来者踩着脚印，走得更实更快。”孙宝嵩说。

在不断探索下，孙宝嵩等数名教官还顺利取得了夜间航母舰载机飞行教学资质，标志着该基地飞行教官群体具备了舰载机昼夜间全时域教学能力。

培养舰载机飞行员有了清晰路线图

若飞行员培养周期长，作战飞行时间就会短；培养周期短，作战飞行时间就会长。以飞行上限年龄起算，生长模式培养的舰载机飞行员的可飞时间，比改装模式培养的舰载机飞行员要长许多。

那年，飞行教官期盼的海军首批生长期班学员如期而至。

为探索生长期班学员上舰培养之路，他们倒排训练计划，细化质量标准，边组训边探索，最大限度激发学员潜能。

随着首批生长期班学员全部成功着舰，一条以生长模式批量培养舰载机飞行员的路径，走上了历史舞台。

“以前摸着石头过河，现在有了清晰的成长路线图。各类教材编印完成，训练逐渐步入正轨，对新学员每个阶段的训练内容、训练标准、训练要求都非常明确。”谈及培养模式的变化，孙宝嵩话语坚定又自信。

经过摸索，他们成功打通了生长培养链路，形成了改装模式和生长模式双轨并行的舰载机飞行员培养格局，闯出了一条具有中国特色的舰载机飞行员培养新路，创造了单批次认证人数最多、平均年龄最小、培养周期最短等多项纪录。

“空中最大限度放手，地面最大程度讲评”，是该飞行教官群体有效的带教培养方法。

每一架次飞行结束后，学员都会拿到一个分数。这个分数不是教官根据印象打的，而是根据学员飞行的每一个数据给出的成绩。

“飞得好与不好，数据来说话，我们有一套科学的数据打分系统。”飞行教官罗胡立丹说，这套数字化打分系统，是他与模拟训练中心副主任谭伟一起创新研发的。

他们把数字化的训练培养理念融入飞行，将上千种数据绘制成一张张飞行曲线图，透过曲线图分析飞机姿态与图像的契合点，最终将庞大的数据流凝聚到教官手中那块小小的平板电脑上。

记者看到，航母“尾钩俱乐部”的照片墙上，已从最初的几张照片，发展到现在密密麻麻的整墙照片。飞行员培养周期较往年大幅缩短，实现了零星培养到批量培养的新跨越。

他们用生命为航母事业铺路

在该基地采访，张超是绕不过的话题。2016 年 4 月 27 日，年仅 29 岁的张超倒在了成为舰载机飞行员的“最后一个架次”。中央军委追授张超“逐梦海天的强军先锋”荣誉称号。

“英雄折翼海天，用生命为航母事业铺路，已经成为后来者前行的路标。”该基地政治委员李明说。

2016 年 4 月 6 日，飞行员曹先建驾驶歼 -15 战机升空训练，飞行中，突遇险情，飞控系统工作异常。为挽救战机，他放弃最佳的逃生时机，直至战机坠海前 2 秒才被迫跳伞，胸椎、腰椎、尾椎等多处爆裂性骨折。

在医院治疗期间，为能尽快回到战机上，伤口刚拆线，曹先建就缠着医生为自己制订康复运动计划。从试着慢慢行走到慢慢蹲下、慢慢站起，他顽强地朝着自己的目标靠近……14 个月后，他凭着惊人毅力和勇气重返蓝天，创造了身负重伤 419 天、术后复飞仅 70 天便成功着舰的奇迹。

如今，已成为教官的曹先建说："向海而兴，背海而衰。舰载机事业必须有人去干，那就必然会有牺牲。"

2020 年 12 月 16 日，教官杨勇与战友驾驶战机进行高空课目训练。当达到万米高空时，战机突发告警，故障清单显示座舱失密。

此时下降高度需要穿越民航航路，可能危及民航安全，杨勇没有贸然下降高度。座舱失密导致空气变得越来越稀薄，没过多久，杨勇听力出现暂时下降，与后舱战友沟通需要扯着嗓子大喊。

生死关头，塔台立即与民航协调，指挥杨勇穿越民航航路，紧急下降高度。此时的杨勇由于缺氧和气压急剧变化，胸口像压着一块巨石，他强忍身体不适，顽强操作，与战友密切配合，成功返场，创造了奇迹。

训练团政委邱建厂说："他们用'拎着脑袋干事业'的实际行动扛起使命、书写忠诚。"

"我们是站在巨人肩膀上的幸运儿。"采访中，新教官徐璨坚定地说，"是党和人民托举我们翱翔海空，是国家和军队的培养让我们成长壮大，我们一定不辱使命，不负重托，努力培养出更多更优秀的舰载机飞行员。"

《科技日报》2021 年 12 月 31 日

“飞鲨”教官

郑天然

12月中旬的渤海湾畔，海军航空大学某基地上空战机轰鸣，某舰载战斗机训练团正在组织飞行训练。年轻的舰载机飞行学员们驾驶歼－15战斗机，依次精准地落向跑道上模拟航母甲板的着陆区。歼－15战斗机巨大的机翼扫过，卷起强劲的气流，轮胎在着陆区磨出黑印，经过第四道拦阻索后，“飞鲨”再次腾空而起，向远方飞去。

该训练团团长王勇看着眼前的这一幕，不由得想起多年前自己在这条跑道上学习舰载机飞行的场景。经过严格的训练，他通过航母着舰资质认证，跟随辽宁舰飞向远海大洋。如今，他重新回到这条跑道上，成为一名飞行教官，和团里的诸多战友一起，负责“把更多优秀的舰载机飞行员送上航母”。

航空母舰的飞行甲板被称为“世界上最危险的4.5英亩”，舰载机飞行员需要在有限的范围内驾机起降，参加战斗，因此他们也被誉为“刀尖上的舞者”。舰载战斗机训练团的成立，正是要培养更多合格的舰载机飞行员，“教会舞者在刀尖上跳舞”。

但在飞行教官们心中，“合格”远远不够，用王勇的话说，“舰载机飞行员必须是最优秀的”。他们教学员如何在航母上起降，要求近乎严苛，降落位置左右偏差不能超过 3 米，最好在 1 米之内，“务求完美”。

“因为舰载机飞行难度很高。我们这些先行者蹚出一条路，就是为了让现在的学员们少走弯路，批量培养出能上舰、能打仗的‘合格人才’。”王勇说。他是国内最早的几批舰载机飞行员之一，早年的舰载机飞行学习没有教材和教练机，也没有教学经验，全靠师父手把手带教，“是不折不扣的‘三无’产品”。

如今，舰载机飞行的教学已有了统一的训练大纲和教材，操纵流程规范化，一项项考核标准详细完备。教官们形成了一套完整的舰载理念培养方案，飞行员的培养时间大幅缩短。

尽管向往随舰远征海天的“热血生活”，但舰载战斗机训练团组建后，飞行员王勇依然决定加入教官团队，成为一名飞行教官。“中国的航母事业在飞速发展，培养更多舰载机飞行员的使命，我们这一代人必须扛在肩上。”王勇这样解释自己的选择。

飞行教官丁阳也因同样的理由来到训练团，成为舰载机飞行教学的“拓荒者”。丁阳记得，训练团组建之初，一套完整的训练教材都没有。标准流程由教官们商讨制订，每个人的经验各不相同，大家反复开会研讨，挑选出最合理的方案。

那时候，“吵架”是常有的事，教官们个个较真，细致到教材里一个字、一个标点符号的使用都务求准确。一个训练方案初步确定后，教官是最先的体验者。团队里每位教官都要先照此试飞，一遍过后总结讨论，根据每个人的体验感改进或更换方案，然后再飞，再改。

飞行教官、LSO 着舰指挥官罗胡立丹就是这群“较真的人”中的一位。着舰指挥官是航母的新兴职业，负责指挥舰载机在飞行甲板上成功降落，担负着飞行员和航母的双重安全保障，“责任重大”。

为了让指挥更高效，罗胡立丹尝试将指挥用语标准化、规范化。他收集众多同行的口令加以整合改进，曾为了一句口令说 4 个字还是

训练结束后，飞行教官们在休息室研讨战术战法（万全 摄）

3 个字反复权衡，“因为着舰时间只有几十秒，指挥必须精准快速，耽误一秒都可能有危险”。

一年多时间里，教官团队先后制定了《歼 -15 飞行训练大纲》《歼 -15 飞行手册》《教练机飞行手册》等多种教学资料，规范组训流程，建立起飞行训练计划协商和空地勤交流制度机制，开展培养模式研究、空域精细化管理、塔台指挥模式改革等重难点任务攻关，有效提升了训练效益。

由于舰载机着舰难度大、危险系数高，“精准、守纪、零容忍”舰载机飞行铁律是训练团“舰载文化”的核心。“飞行高度是 300 米就是 300 米，301 米和 299 米都不行。在航母上着舰，差 1 米就可能造成事故。”飞行教官曹先建说。在团队里，大多数教官都有“强迫症”，组织考核时更是“锱铢必较”，“差一点都要重考，没得商量”。

“我们必须高标准严要求。”丁阳说，“因为我们的目标是远海大洋，除了能起降，我们还要能打赢。”在他看来，在舰上成功起降是舰载机飞行员的入门基础，而非终极目标。

丁阳在成为教官前曾随辽宁舰多次出海，了解海上任务的复杂性。他与学员们分享经验，教导他们在作战中要摆脱套路，灵活机动。一次一对一空战训练，丁阳以一个简单的斜筋斗加上转弯动作甩脱学员，扭转战局。结束后，丁阳对学员分析解释，“你们将来要飞的不是渤海湾，而是远海，面对的是未知的风浪与任务，必须适应各种环境”。

学员中也有部分飞行员来自其他单位，飞过多种机型，空中对抗经验丰富。闲暇之余，训练团便根据他们的优势和擅长课目，请他们为全团“上课”，教官们都会来听。

“其实这是一个教学相长的过程。”丁阳笑着说，“作为教官也‘压力山大’。舰载机飞行事业一直在发展，教官也要有紧迫感，边教边学，适应航母任务多样化的需求。”

2021年，“压力山大”的教官团队又向夜间着舰课目发起了冲锋。备战的那段时间里，他们白天带教，晚上自我加训。数名飞行教官顺利通过考核，成功取得夜间航母资质，这标志着他们从此具备了昼夜间全时域教学能力。

训练团组建以来，越来越多的年轻人来到这里，成长为舰载机飞行员。丁阳和团队战友有时会感慨，“看着今天冲锋陷阵的他们，就像看到当年的自己”。

但他们并不遗憾。“做教官最有成就感的时候，就是看到自己的学员超越自己，代替自己去一线战斗。”丁阳说。在辽宁舰上，有一面属于舰载机飞行员的荣誉墙，张贴着成功着舰50次、100次的飞行员照片。有时丁阳会想，“我如果还在舰上，肯定早就贴上去了”。可每当看到那面墙上的照片越来越多时，他又备感骄傲，“都是我送上来的学员”。

“舰载机飞行员谁不是热血男儿，谁不想飞到更远的地方保卫祖国海空安全，和最强的敌人过招。”王勇说，“但有些事总要有人去做，送更多‘飞鲨勇士’起航，就是我们义不容辞的责任与使命。”

《中国青年报》2021年12月30日

打造舰载机飞行员培养“中国样本”

廉颖婷

初冬之际，又一批年轻飞行员驾驶“飞鲨”成功降落航母甲板，再次刷新纪录。

舰载机是航母的核心战斗力，舰载机飞行员则是航母战斗力最锋锐的刀尖。为打造出舰载机飞行员培养的“中国样本”，海军航空大学某基地舰载机飞行教官，这个平均年龄30多岁的群体，正以“飞鲨”起飞般的加速度大步追赶世界一流。他们先后培养出多批舰载机飞行员，实现了零星培养到批量培养的新跨越，具备昼夜间全时域教学能力，为航母体系作战能力建设作出突出贡献。

2021年12月28日，中央宣传部授予海军航空大学某基地舰载机飞行教官群体“时代楷模”称号。

“把最好的飞机飞得最好”

2012年11月23日，对于航母舰载机事业来说具有里程碑意义，也让海军航空大学某基地舰载机飞行教官孙宝嵩刻骨铭心。

这一天，“航母战斗机英雄试飞员”戴明盟驾驶歼－15战机在辽宁舰上实现首次着舰成功，中国航母舰载机飞行员实现了从“0”到“1”的突破。

这一天，参加航母舰载机飞行员选拔的孙宝嵩、王勇、杨勇正在北京体检，他们谁都不会想到，几年后会成为舰载机飞行教官。

得知航母舰载机部队招飞的消息时，孙宝嵩刚斩获空军首届“金头盔”桂冠。在原单位发展形势一片大好，他却执意当一名舰载机飞行员：“一定要飞最好的飞机，把最好的飞机飞得最好！”

2016 年 4 月 27 日，年仅 29 岁的张超倒在了成为舰载机飞行员的“最后一个架次”。

“张超用自己年轻的生命为航母事业开拓道路，他的身影就是我们飞行的标杆。”孙宝嵩和其他飞行员用更高强度、更高水平的训练，向烈士张超致敬。

张超的牺牲并未让后来者退缩，在选拔新一批舰载机飞行员时，来自海军和空军航空兵部队的飞行员纷纷报名申请加入这个年轻的团队。2016 年 11 月 30 日，中央军委追授张超同志“逐梦海天的强军先锋”荣誉称号命名大会隆重举行。

随着基地在转型路上大胆探索，梁李彬等一批舰载机飞行员转身为飞行教官，与先行者一道扛起舰载机人才培养的重任。

在编写飞行手册时，为确保低空山谷飞行课目相关动作与数据的准确性、安全性，王勇、艾群等教官针对桥梁、风车、电线杆等可能危及低空飞行安全的障碍物，逐一进行标注。随后，他们按照预设航线飞了一遍又一遍，精准验证每个数据，最后形成一条安全科学的低空航线。

他们先后制定了《歼 -15 飞行训练大纲》《歼 -15 飞行手册》《教练机飞行手册》等多种教学资料，规范组训流程，建立飞行训练计划协商和空地勤交流制度机制，开展培养模式研究、空域精细化管理、塔台指挥模式改革等重难点任务攻关。

和教官王勇一样，丁阳、曹先建等教官客串训练参谋，从最基础的训练计划开始逐级完善；祝志强、罗胡立丹、杨勇等教官担任课目负责人，逐个专业攻关破难。

为了尽快让舰载机飞行人才培养形成体系，第一批舰载机飞行员孙政雄带着飞行教官们摸索，最终形成一套系统的舰载理念培养方案。

孙宝嵩和王勇一起成功试飞夜间陆基模拟着舰航线，大幅缩短战机滞空时间，提高了回收效率。随后，孙宝嵩等数名教官顺利取得夜间航母资质，标志着该基地飞行教官群体具备了舰载机昼夜间全时域教学能力。

“飞之初要立起实战思维”

来当教官之前，王勇是舰载机一线作战部队的尖子飞行员。成为舰载机飞行教官后，他把自身的高标准、严要求带到首期生长班教学中。

一次训练中，一名生长班学员因高度保持得不好，被王勇痛批。“他会让你把每一次训练当作第一次飞行来认真对待。”这名学员说，“高度 300 米就是 300 米，绝对不能是 301 米或 299 米。就是这种精准、守纪、零容忍的态度。”

“如果你再这么飞，我是不会让你上舰的。”这是王勇经常挂在嘴边的一句话。前不久，两名学员就因陆基模拟着舰考核成绩不合格被淘汰。

完成航母昼间着舰资质认证，接过认证证书的那一刻，陈亚凡下意识地挺起了胸。

“别得意，飞行员不等于战斗员。”王勇说。因为他知道，着舰只是迈入“尾钩俱乐部”的门槛，离能战斗还有很长的路要走。

对这句话，两名年轻教官有着切身体会。在一次“二对一”空战对抗中，他们驾驶战机按照既定训练方式迅速拉大距离，打开雷达对目标进行搜索。谁知，对手突然实施机动干扰，滚转、切半径……一连串大载荷高难度战术动作后，发起迅猛攻击。

几个回合下来，两人被打得晕头转向。整场对抗，他们始终盯着仪表，用数据锁定对手，但凡数据跟不上对手的动作，就处于“两眼一抹黑”状态。

“从能上舰到能打仗，每一步都是爬坡过坎。”讲评时，王勇反思说，如果按照固定模式飞着长年不变的战法，飞行员的空战素养和战斗作风就难以得到锤炼，打仗的潜能和激情就难以得到激发。

在一次特技飞行训练中，一名飞行学员在完成上升急转机动时，只盯着大纲规定的参数做动作，忽视了速度和高度变化。王勇直接给出当天全场最低分。在他看来，平时这样训练，战时是要付出生命代价的。

实战不会有预演，远海的海况和水文条件更为复杂，学员们必须学会处理突发情况。一次航线课目训练中，一名飞行学员驾驶战机刚起飞不久，海上雾气越来越浓。孙宝嵩当即决定改换训练课目，下令这名飞行学员“转入复杂气象训练课目”。

近年来，低空战术机动、对地突击、空战对抗等这些原本只有在作战部队才会开展的实战化课目，相继出现在该基地训练场上。正如飞行教官罗胡立丹经常对学员所讲：“舰载机飞行员必须在飞之初，就要立起实战思维。”

“飞得好不好数据来说话”

航母舰载机着舰指挥，是舰载航空兵区别于所有陆基航空兵的全新领域。着舰指挥官，要全心全意守护“刀尖上的舞者”，确保战机着舰挂索万无一失。担任着舰指挥官后，罗胡立丹发现，飞行员在执行一些指令时，普遍存在短暂的迟疑。

“指令冗长，不利于飞行员及时作出反应，能不能精简指令，建立一套更加符合发音习惯的着舰指挥术语？”罗胡立丹的这一想法，得到其他着舰指挥官的认同。

两个多月时间里，罗胡立丹带领团队连续攻关，最终形成一套精简高效的指挥术语体系。由此，他也成为着舰指挥专家。

“飞得好不好，数据来说话，我们有一套科学的数据打分系统。”这套数字化打分系统，是罗胡立丹与模拟训练中心副主任谭伟创新研发的。

他们把数字化的训练培养理念融入飞行，将上千种数据绘制成一张张飞行曲线图，透过曲线图上的波峰和波谷，分析飞机姿态与图像的契合点，最终将庞大的数据流汇聚到 LSO 工作站每名教官手中那块 50 平方厘米的平板上。

陆基模拟着舰训练中，助理 LSO 在根据歼 -15 战机飞行姿态为学员打分（万全　摄）

“科研创新，是对‘精准、守纪、零容忍’这个舰载机飞行铁律科学化、规范化的诠释。”张宇亮说。

作为舰载战斗机飞行员的培养出口，如何保持教官队伍始终充满活力？

通过老、中、青搭配的“育苗”方式，几年来，该基地逐渐形成“金字塔”比例的年龄结构，让教官团队呈现出梯次衔接、良性循环、人才辈出的生动局面。飞行员培养周期较往年大幅缩短，实现了零星培养到批量生产的新跨越。

短评

榜样是最好的示范引领

榜样是最好的示范引领。面对航母战斗力建设对舰载机飞行人才的迫切需要，海军航空大学某基地舰载机飞行教官群体用崇高坚定的理想信念、敢打必胜的坚强信心和前赴后继的牺牲精神，争当为战育人的引领示范者。他们瞄准未来战场，不畏艰险，带着年轻飞行员不断刷新纪录，突破关键技术，为世界难题探寻中国答案，为航母舰载机事业作出重大贡献。

海军转型是一次“新的长征”，面对困难挑战，需要更多像飞行教官群体那样不畏险、不惧死的英雄挺身而出、披荆斩棘，需要更多像飞行教官群体那样有智慧、有担当的英才引领带头、开辟新境，肩负起全面建成世界一流海军的时代重任。

《法治日报》2022年1月6日

为战育人，奋力托举“飞鲨勇士”向海天

王庆厚　王　祉　李高健　杨　皓

这是一个英雄辈出的优秀群体——6 人荣立一等功，32 人次荣立二等功，先后涌现出“航母战斗机英雄试飞员”戴明盟、“逐梦海天的强军先锋”张超、全军备战标兵个人曹先建、“中国青年五四奖章”获得者王勇等一批先进典型。

这是一个为战育人的奋斗团队——以“敢为天下先”“敢啃硬骨头”的担当精神，刀尖领舞，刷新多项纪录，开创多个首次，探索出一条改装和生长双轨并行的舰载机飞行员培养之路，全面形成昼夜全时域教学能力。

这是一份面向未来的时代答卷——实现了舰载机飞行员单批认证人数最多、平均年龄最小、训练时间最少、培养周期最短等历史性突破，航母战斗力建设向前推进一大步。

深秋时节，渤海湾某海域，海军航空大学某基地又一批飞行学员驾驶歼 -15 战机成功挂住辽宁舰飞行甲板阻拦索，完成既定的多架次起降考核训练，顺利通过航母昼间着舰资质认证。

近年来，该基地党委深入贯彻习近平强军思想，全面贯彻新时代军事教育方针，坚持以战领训、为战育人，采取超常措施，提升舰载

机飞行员培养质量效益。

在承担飞行学员培养任务中，飞行教官群体以“敢为天下先”“敢啃硬骨头”的担当精神，汇聚起“敢闯敢创、敢为人先、求实求是、求稳致远”的意志力量，刷新舰载机飞行员培养多项纪录，探索出一条改装培养和生长培养双轨并行之路，前置展开实战化课目训练，逐步加快从“能上舰”到“能打仗”的升级速度。

敢于冲锋、舍我其谁，以铸牢忠诚立身示范

飞行教官群体坚持用领袖嘱托熔铸坚定信念，用强军梦想引领舰载航程，用初心使命见证赤胆忠诚。舰载机飞行员被誉为“刀尖上的舞者”，难度大、风险高，每一次飞行都面临严峻考验。

面对全新的高风险事业，他们时刻牢记习主席殷切嘱托，深入开展“不忘初心、牢记使命”“传承红色基因、担当强军重任”主题教育、党史学习教育，认真学习贯彻习主席七一重要讲话精神，充分认清加快推进舰载机飞行人才培养的历史意义、战略意义、现实意义；深入开展“响应统帅号令、担当转型重任”主题实践活动，大力培育弘扬新时代海军精神，举办誓师大会、“金尾钩”评比、资质认证仪式，不断激发投身舰载飞行事业的热情动力。

飞行教官自觉把个人理想抱负融入全面建成世界一流海军的伟大事业，从全军不同部队走来，为了同一个目标、朝着同一个方向集结。面对航母舰载机事业未知挑战，他们从理论改装、模拟器飞行、空中带教、复盘讲评等环节入手，打破固有操作习惯，让学员在一以贯之的严苛要求、日复一日的精准训练中，逐步形成舰载机飞行员特有的“肌肉记忆”，以勇者无惧、强者无畏的姿态奋进强军征程，立起人生新标高。

2016年4月，教官曹先建驾机训练突遇空中险情。为挽救战机，他在坠机前的最后2秒才被迫跳伞，造成胸椎、腰椎、尾椎等多处爆裂性骨折。令人惊叹的是，14个月后，他凭着对强军事业的赤诚热爱，以惊人毅力和勇气配合治愈伤病，重返蓝天。

教官梁李彬在低空山谷飞行训练中，突遇鸟撞特情，在前座舱盖受损面积近80%、无线电几乎无法听清的情况下，顶着3倍于17级大风的强烈气流精准操控飞机，保住了心爱的战机，安全驾机着陆。他们头顶着巨大风险干事业，用科学严谨务实的实际行动扛起如山使命、书写绝对忠诚。

敢蹚新路、攻坚克难，以推进转型快马加鞭

飞行教官采取超常措施开创超常事业，运用舰载铁律砥砺舰载雄鹰，坚持实战标准锤炼实战精兵。他们勇挑执教海天、为战育人的重任，甘当“刀尖领舞者”，面对骨干力量薄弱、承训经验不足、教材资料短缺等难题，靠着“咬定青山不放松”的韧劲、“开弓没有回头箭”的意志和“不破楼兰终不还”的决心，凝神聚力开新图强，一步步向前摸索，一次次驾机检验验证航线，又一次次将制订的方案推翻重来。

经过数千次的试验试飞，终于飞出了一条符合中国航母特点的着舰航线。他们怀揣敢打必胜的信念，将一个个“首次”和“第一”写进了航母舰载机飞行事业的大事记，融入加快推进海军转型建设的奋斗历程，书写了全面建成世界一流海军的光辉印记。

按照由易到难、由陆到海，先模拟后实装、先带飞后单飞的方法科学组训、精准施教，探索实践交叉组训、多种机型同训、昼夜轮训等模式，编写30余部数十万字法规教材教范，从提纲设置到课目安排，从指挥讲评到术语手势进行全面规范，逐步建立起系统完备、耦合衔接的标

准规范体系；建立全时全维的培养质量监控体系，设立数据库进行全时段客观评价，对每个动作、每次进近、每个架次全程监控、精准评价；成立飞行能力质量鉴定组，实行“一对一”捆绑带教，严防错、忘、漏问题；梳理细化任务清单、责任清单，形成计划表、统筹图，建立健全联动工作机制，确保各项工作同步协调、落地见效。他们为学员量身定制成长培养路线图，构建从院校到战场、从岸基到舰基、从理论到实战的全链路人才培养体系，逐步走开科学管用的生长模式培养新路。

基地自主培养的首批改装班学员成功取得了航母昼间着舰资质，培养时间大幅缩短；在各级接续培养下，海军首批生长模式学员全部取得航母昼间着舰资质，标志着舰载机飞行员生长培养链路全面贯通。

坚持把“精准、守纪、零容忍”铁律贯穿培养全程，不断提高防范风险、抵御风险能力。学员张宇亮驾机进行特技训练时，左侧发动机突发故障，他沉着冷静处置，在不到 2 分钟时间内完成近百次“零失误”判断与操作，最终单发安全着陆。

他们牢固树立“基础技能与战斗技能并重、稳中求进与超前预置一体”的育人理念，在夯实基本能力的基础上，将主战机型改装和部分战术训练前端预置，大胆加入战术编队、特技飞行等实战化课目，遵循融理论学习、战例教学、想定作业、综合演练为一体的教学模式，创新融入舰载元素，战斗力生成起点不断提高。

成立以来，他们坚持以战领训、为战抓教，推动从教技术向教打仗、从培养飞行员向培养战斗员跃升转变，自主培养了多批新飞行教官和 LSO 着舰指挥官，为一线部队输送了多批次优秀的舰载机飞行员。

敢为人先、淬锋开刃，以拿敌练兵培树血性

飞行教官聚焦航母体系作战能力生成，瞄准短板强能，紧盯强敌

海军航空大学某基地舰载机飞行教官们在引导学员进行陆基模拟着舰训练（万全 摄）

备战，朝着一流练兵，努力练就克敌制胜的硬招狠招，推动从“能上舰”到“能打仗”跨越转变。

针对舰基飞行与陆基飞行差异，围绕“飞数据还是飞感觉”“能上舰更要能打仗”等问题，他们展开一次次头脑风暴，组织操纵经验交流会，开展“飞行日记”展评，让舰载、实战、创新、体系、集约、融合的理念根植头脑。

坚持边实践、边研究、边总结、边创新，建立10余项要素完备的战训融合机制，制定数十份上下衔接的方案预案，探索实践出一整套更加精准高效、贴近实战的指挥术语，有力支撑舰载机训练团实现了未组建先开飞。

跟进全时待战、随时能战备战新格局，他们大兴研究军事、研究战争、研究打仗之风，把练兵比武、战法研讨、技能交流等贯穿训练全程，把执行海上维权斗争经验、重大战备演训任务和战术战法集训成果融入舰载机飞行员组训体系，推动理论教学向部队延伸、飞行训练与实战对接。

航母编队远海训练期间，在遭遇外军舰机跟踪监视和抵近干扰情况下，他们培养的飞行员驾机轮番起飞，彰显了过硬的战斗素养和血性胆魄。着眼提高实战能力，他们敢闯敢试，扎实组织高难课目训练，大胆挑战边界条件飞行，超低空飞行高度一再降低，编队飞行间距一减再减；试飞试验发动机性能阈值突破常规保持空中停车，抵近参数边界才重启战机……面对战机座舱失密的生死关头，教官杨勇没有贸然下降高度，待塔台与民航紧急协调后，才操纵战机安全穿越民航航路，最终成功返场。

2021 年 5 月，该基地司令员孙宝嵩带领飞行教官连续完成夜间陆基模拟着舰航线多项试验试飞，随后又与多名教官一起圆满完成了夜间着舰训练。他们用敢闯敢创、一往无前的拼劲创造了一个又一个奇迹。

近年来，飞行教官先后 4 次驾机接受党和人民检阅，6 人荣立一等功，32 人次荣立二等功，先后涌现出“航母战斗机英雄试飞员”戴明盟、“逐梦海天的强军先锋”张超、全军备战标兵个人曹先建、“中国青年五四奖章”获得者王勇等先进典型。

《人民海军》报 2021 年 12 月 21 日

起飞，遇见大时代

李　真　宫雨辰　王庆厚　王力飞　王　祉

深秋，又一批年轻飞行员驾驶“飞鲨”成功降落航母甲板，加入了盼望已久的“尾钩俱乐部”。海军航空大学某基地组建以来，从“0”到“1”的历史突破，从“1”到“多”的量变积累，再从“多”到“战”的质变跃升，飞行教官将青春与激情写满海天，打造出舰载机飞行员培养的“中国样本”，飞出了航母事业的一片天空——

寒冬时节，渤海湾畔，战机轰鸣。一架架歼－15战机，从跑道上依次腾空而起，飞向远方……

跑道之内，他们听令景从，从零开始，敢为人先，以铸牢忠诚立身示范，闯出了一条中国舰载机飞行员培养之路；

航母之上，他们为战育人，不畏艰险，苦干实干，以拿敌练兵培树血性，坚持把战斗力标准立在飞行带教全环节；

海天之间，他们传道授业，壮志凌云，奋发图强，以推进转型快马加鞭，用忠诚和担当书写着奋斗者的崭新航迹。

他们就是——海军航空大学某基地舰载机飞行教官群体。

集结·出征
“赤子凌云，飞鲨击空，共赴大国强军梦”

又是一个难忘的日子，新一批舰载机飞行学员成功着舰，取得昼间航母资质认证。

生命中很多重要的日子，让该基地司令员孙宝嵩刻骨铭心——

2012 年 11 月 23 日，对于航母舰载机事业来说具有里程碑意义。

这一天，“航母战斗机英雄试飞员”戴明盟驾驶歼－15 战机在辽宁舰上首次着舰成功，中国航母舰载机飞行员实现了从“0”到“1”的突破。

这一天，参加航母舰载机飞行员选拔的孙宝嵩、王勇、杨勇正在北京体检，他们谁都不会想到，多年后会成为舰载机飞行教官，为实现百年航母梦培育更多的“飞鲨勇士”。

得知航母舰载机部队选拔飞行员的消息时，孙宝嵩刚刚斩获空军首届“金头盔”桂冠。在原单位发展形势一片大好，他却坚持“换一条跑道”，执意当一名舰载机飞行员：航母开到哪里，就从哪里起飞。

“要是再年轻 20 岁，我也要去试一试！”临别时，师长当面说的话，孙宝嵩记忆犹新。

舰载机是航母的核心战斗力，舰载机飞行员是航母战斗力最锋锐的刀尖；真正的勇者，不会放弃成为“刀尖”的机会。

王勇的偶像“海空卫士”王伟，曾多次执行重大演训任务。尽管舰载机飞行员的风险系数比一般战斗机高出很多倍，但当选拔小组成员征求意见时，王勇却坚定地说：“就算是刀山火海，我也要闯一闯！”

对于这群舰载机飞行员来说，他们的梦想是飞向更远的海，飞向更深的蓝，向未知和极限发起挑战。于是，像孙宝嵩、王勇一样，杨勇、艾群、曹先建、张超等飞行员，从不同部队走来，为了同一个梦想、朝着同一个方向集结。

舰载机飞行着舰操纵方式跟陆基飞行时完全相反，要采用“反区操纵”的方式。为了练好“反区操纵”，他们把自己“绑”在模拟机上反复练习。

星光不负赶路人。那一天，新一批舰载机飞行员迎来了昼间航母资质认证考核。

看灯、对中、保角……孙宝嵩率先驾机着舰，稳稳地挂上了第二道索，随后，同批其他飞行员依次着舰成功。

甲板，是梦想的托举，更是力量的延展。那一天，驾驶歼−15战机着舰，张超生前的室友艾群走下悬梯，站在甲板上，第一时间从口袋中掏出张超使用过的手电筒，心中百感交集，坚定地说：“兄弟，我们上来了！”

出师未捷身先死，长使英雄泪满襟。2016年4月27日，年仅29岁的张超倒在了当天飞行训练的“最后一个架次”。每年这一天，艾群会特别伤感，独自默默无语地沿着海边走上一两个小时。

斯人已逝，壮志长存。张超的飞行梦想也是所有飞行员的梦想：让人民海军从大海上飞起来，飞向远海大洋，不畏风雨，就算付出生命的代价，也要振翅高飞！

这分痛时刻提醒他们：航母舰载机飞行事业开拓前进的道路并不平坦，时刻面临着巨大的风险和挑战。

“张超用自己年轻的生命为航母舰载机事业开拓道路，他的身影就是我们飞行的标杆！”张超的牺牲并未让后来者退缩，在选拔新一批舰载机飞行员时，来自海军和空军航空兵部队的更多飞行员报名申请加入这个奋斗团队，甚至有地方的青年打电话给海军招飞部门，询问如何才能成为舰载机飞行员。

2016 年 11 月 30 日，中央军委隆重举行追授张超同志“逐梦海天的强军先锋”荣誉称号命名大会。2019 年 1 月 12 日，中央军委批准增加张超为全军挂像英模。

那一天，在命名大会现场，新一批飞行员举起右手庄严宣誓：“我志愿投身航母舰载机事业，听党指挥，忠诚使命……”

张超被永远刻进一支部队的图腾。他的牺牲，让这群年轻的飞行员迎难而上，激发出了更大的勇气。

很快，孙宝嵩身先士卒，驾机冲上云霄。其他飞行员纷纷用更高强度、更高水平的训练，向烈士张超致敬。

新时代鼓角争鸣，新使命催人奋进。

该基地在转型之路上大胆探索，一批舰载机飞行员转身成为飞行教官，勇敢地担起了舰载机人才培养的时代重任。

飞行员祝志强、梁李彬、张宇亮等人，顺利完成昼间航母资质认证后，相继选择了与先行者一道，担起舰载机飞行人才培养这一重任。

渤海之滨，战机轰鸣，波涛拍岸，仿佛向飞行教官们诉说着向海而兴、背海而衰的历史警言。

潮起潮落，“飞鲨”逐梦。担当起党和人民赋予的新时代使命任务，飞行教官群体将奋斗与国家命运紧相连，把成长与强军步伐同频率，以昂扬的精神状态，表达着对国家发展和军队改革的信心与热望，传递着对实现中国梦强军梦的决心与期冀。

“赤子凌云，传承英雄战斗魂；飞鲨击空，共赴大国强军梦……”2021 年国庆节期间，一部海军招飞宣传片在互联网和微信群“疯传”，吸引了无数青年学子踊跃报名。

有梦的青春最灿烂，亮剑的人生最辉煌。在大江南北，一批批献身海军、矢志海空的青年学子，时刻准备着迎接祖国的挑选。

拓荒·奠基
“时代选择了我们，我们绝不能辜负这个时代”

我们再次将镜头回放到新中国历史上那一场最大规模的海上阅兵。

那一天，48 艘战舰整齐列阵，76 架战机搏击海天，万余名官兵雄姿英发；那一天，从辽宁舰上驾驶“飞鲨”起飞的飞行员中，就有飞行教官王勇。

在改革强军的号角中，一支支部队破壳而出。唯有全力以赴，我们这一代军人才能不辱使命、不负重托。

培养一支过硬的舰载机飞行员队伍，是航母编队战斗力生成的关键。

组建大会上，王勇双手擎着军旗。他深深懂得，这面军旗的使命之重、责任之大，必须要扛起重任，将团队带好，把培养飞行员任务完成好。

“再难也要干出来！这么光荣的任务交给我们，我们责无旁贷！”这句话成为该基地飞行教官群体坚如磐石的信念和矢志不渝的追求。

组建之初，面对诸多困难，孙宝嵩、王勇带领教官团队开始了一场“拓荒之旅”。

使命催征，唯有奋力追赶。他们坚持边训练、边总结、边完善、边固化，每天下了训练场，又上另一个“战场”。

为确保编写的大纲教范科学准确，有时为了一个数据，他们甚至达到了“着魔”的程度。

在编写飞行训练手册时，低空山谷飞行课目相关动作与数据验证成为拦路虎。王勇、艾群等教官针对桥梁、风车、电线杆等可能危及低空飞行安全的障碍物，逐一进行标注。

随后，他们按照预设航线飞了一遍又一遍，精准验证每个数据，最终形成了一条安全科学的低空航线。

为了尽快让舰载机飞行人才培养形成体系，飞行教官孙政雄和其他教官悉心摸索，“白加黑”“五加二”是常态。

孙政雄要求每位学员必须认真、自主准备次日的飞行课目，每次飞行前都会现场提问。一名学员刚开始并未在意，以为只是“走个流程”，回答时支支吾吾。孙政雄当即让这个学员下飞机，回去继续准备。

在这种严苛的教学模式下，学员们高标准严要求，对“精准、守纪、零容忍”的舰载机飞行铁律有了更深的理解，舰载机飞行铁律的“种子”被播在每名学员心中，“生长”在舰载机飞行人才培养各个链路中。

正是靠着这股韧劲，他们先后制定了多种大纲和教案，规范组训流程，建立飞行训练计划协商和空地勤交流制度机制，开展培养模式研究、空域精细化管理、塔台指挥模式改革等重难点任务攻关，有效

飞行教官驾驶歼－15战机触舰复飞（姜涛　摄）

提升了训练效益。

焚膏继晷，夜以继日。同孙政雄一样，王勇、丁阳、曹先建等教官“客串”训练参谋，从最基础的训练计划开始逐级完善；祝志强、罗胡立丹、杨勇等教官担任课目负责人，逐个专业攻关破难……他们用资料的“厚度”奠定了舰载机飞行人才培养的“高度”。

曾几何时，“吵架”成了飞行教官们很常见的沟通方式。创业之路越往前推进，“吵架”次数就越多，程度就越激烈。每一次“吵架”只有一个结果，便是达成进一步的共识；每一次共识的形成，便是又一个探索成果的固化。

该基地领导说：“大家都在摸着石头过河，最开始谁也不知道标准是什么，谁也说服不了谁。”

标准是在一次次实践中检验出来的——通过不断验证，最终才能接近正确答案。

有什么样的视野，就有什么样的状态。面对时代赋予的使命，他们不敢有丝毫懈怠：“时代选择了我们，我们绝不能辜负这个时代！”

对于跋涉者来说，道路越是泥泞，脚印越要清晰；道路越是坎坷，步履越是坚定。艾群凝望着跑道上的那片“黑区”，新痕覆盖旧痕，早已分不清哪一道是谁驾机着陆时的胎痕。正是这无数道叠加得密密匝匝的印记，书写下中国航母梦的光荣历程。

与张超同批次加入舰载机飞行员队伍的袁伟，在一次训练时遭遇鸟撞机，左侧发动机瞬间失火。艾群作为僚机，冒着危险全程伴飞，监控战友飞机状态，向塔台不断报告。最终，失火战机单发安全着陆。

赶上新时代，是军人的幸运。从陆基到舰基，从近海到远海，舰载机飞行人才队伍以一种加速度的方式发展壮大着，尽管前方布满无数荆棘，无论遇到多大的挑战、承受多大的压力，他们仍感到自豪和幸运。

面对日益严峻的海上安全形势和日趋激烈的海洋权益斗争，飞行教官们带领更年轻的“飞鲨勇士”沿着舰载机的奋飞航迹，坚持实战实训，聚力备战打仗，接力开新图强，留下了一串串无形却有力的奋进航迹。

任重·奋进
“从‘能上舰’到‘能打仗’，我们还有很长的路要走”

完成昼间航母资质认证，接过认证证书的那一刻，飞行学员陈亚凡下意识地挺直了胸脯。

“别得意！飞行员不等于战斗员！”颁发证书现场，王勇表情严肃地对陈亚凡说，着舰，只是迈入“尾钩俱乐部”的门槛，离能战斗还有很长的路。

对此，年轻教官有着深刻体会。

那次“二对一”空战对抗中，两名飞行教官驾驶战机，按照既定训练方式，迅速拉大距离，打开雷达对目标进行搜索。

谁知，对手突然实施机动干扰，滚转、切半径……一连串大载荷高难度战术动作后，发起迅猛攻击。几个回合下来，两人被打得晕头转向，毫无招架之力。

整场对抗，有一名教官始终盯着仪表，用数据锁定对手，但凡数据跟不上对手的动作，就处于“两眼一抹黑”状态。

“从‘能上舰’到‘能打仗’，我们还有很长的路要走，每一步都是爬坡过坎。”讲评时，王勇反思说，如果按照固定的模式飞着长年不变的战法，飞行员的空战素养和战斗作风就难以得到锤炼，打仗的潜能和激情就难以得到激发。

雄鹰不仅要换羽振翅，更要飞向战场。对于飞行教官来说，在

“0”到“1”、“1”到“多”的量变跨越基础上，实现“多”到“战”的质变升级，已成为他们更高的追求。

飞出“战味”，必须将实战思维融入每个课目、每个架次、每个动作中。飞行教官罗胡立丹经常对学员讲：“舰载机飞行员必须在飞之初就要立起实战思维。”

在一场四机战术编队训练中，由于受到逆风影响，学员苑明正比预定时间晚两分钟到达规定点位，结果受到罗胡立丹的严厉批评。

苑明正满脸委屈：“我完全按照要求做战术动作，风力影响不在个人掌控范围之内。”罗胡立丹语重心长地说，信息化战场瞬息万变，贻误一秒钟，都可能遭到毁灭性打击，更何况是两分钟。

在飞行教官群体中，“升空就是作战，起飞就是迎敌”，“宁要紧贴实战的低分，不要脱离实战的高分”，是每个人的座右铭。

一次特技训练，学员周盼在完成上升急转机动时，只盯着大纲规定的参数做动作，忽视了速度和高度的变化。王勇没有犹豫，直接给出了当天全场最低分。在王勇看来，平时这样训练，战时是要付出生命代价的。

思想上的壁垒逐渐打破，还要在行动上敢于放手。飞行教官们打破“保姆式”带教训练模式，在各种危情险局中锤炼学员的实战能力。

飞行没有教条主义，实战不会有预演，远海的水文气象环境更为复杂，学员们必须学会处置突发情况。

在一次航线课目训练中，一名学员驾驶战机刚起飞不久，海上雾气就越来越浓。孙宝嵩当即决定改换训练课目，下令“转入复杂气象训练课目”。

梁李彬“敞篷飞行”的经历就是成功处置特情的例证。一次双机训练中，梁李彬突遇鸟撞特情。在低空160米、时速近700公里、战机前座舱盖大面积受损的情况下，他临危不乱，在战友密切配合下，经过数百余次零失误判断和操作后安全着陆。

低空战术机动、突击突防、空战对抗……这些原本只有在作战部队才会开展的实战化课目，相继出现在他们的训练计划上。一场场头脑风暴式的探讨，让教官们对实战理念有了新的认识和理解；一次次实打实的空战对抗，让教官们在不断逼近实战条件下检验战术战法。

几个人的转变，是一群人转型成长的缩影。在一步步迈向打赢的征程中，教官们不断播撒着实战的“种子”，培育着能战善战的“新绿”。他们的“一招一式”都因时而进、面向未来。

孙宝嵩和王勇一起成功试飞夜间航线陆基模拟着舰，大幅缩短战机滞空时间，提高了回收效率。随后，孙宝嵩等一批教官顺利取得夜间航母资质认证，标志着该基地飞行教官群体具备了舰载机昼夜间全时域教学能力。

“征途漫漫，惟有奋斗。”这是王勇房间里的格言，这句话悬在头顶，也刻在他的心里。

漆黑的夜幕下，拦阻索被高速飞驰的战机拉成巨大的“V”字，这既像利箭在弦，更像胜利的手势。

会挽雕弓如满月。这群飞行教官带领着越来越多的“飞鲨勇士”，向着胜利奋飞……

《人民海军》报 2021 年 12 月 22 日

进近，闯出新航线

王庆厚　王　祉　朱晋荣　杨　皓　张文杰

舰载机飞行学员航母资质认证考核，是飞行教官王勇挂在嘴边的“高考”，也是学员飞向航母、飞向战场的“赶考”。

迎着凛冽海风，海军航空大学某基地外场，新一批学员考前誓师大会，在歼-15战机前隆重举行。

随后，飞行学员刘滕驾驶战机飞往“考场”。当期盼已久的辽宁舰出现在眼前，他深吸一口气，将注意力集中在仪表上。

4道拦阻索，如琴弦般横跨航母甲板。学员要在复杂海况和航母不断移动的情况下，精准挂住其中一道拦阻索。

在着舰指挥官孙宝嵩的精准引导下，刘滕驾驶战机顺利着舰，以千钧之势“拨弦”，瞬间将拦阻索拉成一个胜利的“V”字。经过这样数架次起降考核，刘滕如愿成为“尾钩俱乐部”的一员。

人梯·天梯
舰载机飞行员一边探索、一边铺路，为的就是要让后来者踩着脚印，走得更实更快

在该基地培养舰载机飞行员过程中，一名90后教官调入舰载机部队前，曾飞过10种机型，人称“改装达人”。他坦言：这些年，不是在改装，就是走在改装的路上。

一次，这名教官和学员韩斌讨论“一对一”和“二对一”空战的区别时，对“咬尾”中几种瞄准方式拿捏不准。这让他十分尴尬。

韩斌曾执行数十次重大演训任务，并担任过自由空战教官，实际对抗经验丰富。

这名教官虽然飞行经历丰富，但战术经验不足。当晚，他想通过画战术图来加深理解，结果巴掌大的一张小图，画到了深夜。

第二天，这名教官主动来到韩斌宿舍，虚心向他请教空战对抗知识。

“你教我空中战术，我教你着舰技术。”在教学相长中，这对“特殊师徒”比翼齐飞。

一般的战斗机都是正区操作，而舰载机恰恰相反，是反区操作。一字之差看似简单，但真正做到、做好是非常难的。

“必须忘记以前的飞行习惯！”这名教官不断给韩斌灌输这一思想，一有时间，就陪着韩斌在模拟飞行室训练，帮助他“格式化”多年的飞行习惯，从一舵一杆重建“肌肉记忆”、认知习惯。

从学员成长为教官，身份变了、岗位职责变了，必须做到“给人一碗水，自己首先要有一桶水”。

培养舰载机飞行员，没有坦途，只有坚韧不拔、顽强拼搏，才能

飞行学员与教官庆祝取得着舰资质（姜涛　摄）

搭建起“刀尖舞者”逐梦海天的天梯。

摆在他们面前的是一条布满风险、荆棘的路。他们把困难踩在脚下、把生死置之度外，呕心沥血、甘为人梯，勇当铺路石。

全新的着舰飞行技术、全新的战术、全新的海域、全新的战场……在飞行教官们面前，有太多的“空”要填，有太多的“路”要走。在这里，“首次”从来都不是新闻。他们所干的事，几乎都是“首次”。

舰载机部队诞生之初，飞行员学习交流的内部刊物——《尾钩》杂志随之创刊。加入“尾钩俱乐部”的飞行员，精心撰写取得航母资质认证的心得体会和感受，这些先行者心血智慧凝聚起来的宝贵经验，成为一批批新加入飞行员的“秘籍”。

飞行是勇敢者的事业，而舰载机飞行员，更是直接与死神“过招”。有资料显示：国外舰载机 80%的飞行事故发生在着舰过程中。

无论课堂教学，还是飞行训练，多年的探索路上，飞行教官们始终坚持不放过任何一个疑点、不放过任何一个隐患、不放过任何一个差错，把“精准、守纪、零容忍”的舰载机飞行铁律，贯穿培养全程、植入学员血脉，有效提高了防范风险、抵御风险能力。

一次，教官张宇亮驾驶歼－15战机进行特技训练时，“主警告”灯突然闪亮，屏幕显示左发降转。

这一故障，会导致推力下降，进而可能引发刹车、起降装置、操纵系统等故障，给飞行员保持战机状态带来困难，飞行操纵难度和风险急剧升高。这一特情，对于年轻的张宇亮来说，是一个极大考验。

在惊心动魄的1分多钟内，张宇亮严格执行舰载机飞行铁律，果断建立单发着陆航线，最终安全着陆。

孙宝嵩说：“我们一边探索，一边铺路，为的是让飞行学员踩着脚印，走得更实更快。”

“夜战”是现代战争发起的重要方式之一，“夜间起降”是航母编队战斗力生成的关键技能。

夜间着舰，最大的难题是能见度较差，没有周围环境作参考，需要仅靠航母甲板上灯光指示，准确降落在狭小的甲板着舰区，对飞行员技术和胆量，都是极大考验。

该基地一批老飞行教官驾驶歼－15战机着舰，尾钩精准钩住拦阻索，战机稳稳落在辽宁舰甲板上，通过了夜间航母资质认证。

这一着，标志着他们具备了昼夜间全时域教学能力。

这一着，为年轻教官夜间着舰探索积累了宝贵经验。

“我们是站在巨人肩膀上的幸运儿。”年轻教官们坚定地说，“是党和人民托举我们翱翔海空，是国家和军队培养我们成长壮大，我们一定不辱使命，不负重托，努力培养出更多更优秀的舰载机飞行员。”

无畏·无我
经历无数次飞行验证和无数个架次起落，飞出了一条适合中国航母的“飞鲨”航线

在该基地采访，“逐梦海天的强军先锋”张超是绕不过的话题。“英雄折翼海天，用生命为航母事业铺路，已经成为后来者前行的路标。”该基地政委李明说，英雄是国家的脊梁、民族的砥柱和军队的刀锋，英雄是精神磁场，引人向前、催人奋进。

张超的精神早已融入每一名官兵的血脉，变成了行动自觉。

这是一个英雄辈出的优秀群体。

2016 年 4 月 6 日，曹先建驾驶歼 -15 战机升空训练，飞行中，突遇险情，飞控系统工作异常。

为挽救战机，他放弃最佳的逃生时机，最后 2 秒才被迫跳伞，胸椎、腰椎、尾椎等多处爆裂性骨折。

在医院治疗期间，为能尽快回到战机上，伤口刚拆线，曹先建就缠着医生为自己制订康复运动计划。从试着慢慢行走到慢慢蹲下、慢慢站起，他顽强地朝着自己的目标，靠近靠近再靠近……14 个月后，他凭惊人毅力和勇气重返蓝天。

跨过命运的激流险滩，再次找回梦想的航迹。曹先建的英雄事迹，在部队传为佳话，激励着广大官兵积极投身强军兴军伟业。

成为教官后的曹先建，在接受记者采访时说：“作为舰载机飞行教官，要征服海天，更要征服自己。我相信，会有越来越多的舰载机飞行员敢于挑战极限，从航母起飞，飞向海天、飞向深蓝。”

舰载机飞行员时刻与风险为伍、与死神相伴，从事的是高风险职业。他们从不吝惜自己的热血乃至生命，从成为舰载机飞行员那天起，

就做好了挑战难题，为舰载机事业献出一切的准备。

舰载机飞行训练初期，国外对我实行技术封锁，舰载机还未列装，机场仍处于施工状态，着舰速度控制多少，油门如何使用……毫不夸张地说，以戴明盟为代表的第一批舰载机试飞员面前根本就没有路。

“没有路，就闯出一条我们自己的舰载机道路！”

面对道道难关险阻，飞行教官毫不畏惧，迎难而上，一步步向前摸索，一次次驾机验证航线，又一次次将制定的方案推翻重来。

勇者无畏，强者无我。

教官丁阳凭借精湛的飞行技术，在一次次特情面前处变不惊，圆满完成任务。他常说：“飞行时多担一分风险，部队就多一分安全，打仗就多一分胜算。”

在一次飞行任务中，为了得到最接近极限的发动机性能阈值，他突破常规，保持空中停车，抵近参数边界才重启战机，记录了一项新的临界数据。

这项试验，极具危险。主持国家试飞研究的专家们将此比作“摸电门”。他们说：“所有人都对高压电退避三舍，但试飞员要做的是，明知有电却要用手去摸。为了测试极限数据，试飞员在挑战极限。”

面对新的任务，丁阳带领飞行员开始了新一轮的攻关。他们始终把敢为人先、转型创新作为奋斗目标，一次次刷新飞行纪录，一次次飞出胜战高度。

舰载机飞行员对危险和牺牲不能有丝毫胆怯。

教官杨勇与战友驾驶战机进行高空课目训练。当到达万米高空时，战机突发告警，显示座舱失密。

此时下降高度需要穿越民航航路，可能危及民航安全，杨勇没有贸然下降高度。座舱失密导致空气变得越来越稀薄，没过多久，杨勇听力开始下降，与后舱战友沟通，需要扯着嗓子大喊。

为了防止陷入晕厥，他和战友约定，每隔 5 秒交流一次。

紧急关头，塔台立即与民航协调，指挥杨勇穿越民航航路，下降高度。

此时的杨勇，由于缺氧和气压急剧变化，胸口像压着一块大石头，他强忍身体不适，与战友密切协同，成功返场。

初心使命见证赤胆忠诚，英勇无畏挑战飞行极限。

梁李彬在低空山谷飞行训练中，突遇鸟撞特情，在前座舱盖大面积受损、无线电几乎无法听清的情况下，顶着 3 倍于 17 级大风的强烈气流，精准操控飞机，安全驾机着陆。

正是凭着这种敢闯敢试、一往无前的大无畏精神，该基地飞行教官们用实际行动扛起使命、书写忠诚。

航母承载着中华民族百年夙愿，舰载机是航母作战力量的一把尖刀，是我军新型作战力量的突出代表。一批批舰载机飞行员经历无数次飞行验证和无数个架次起落，飞出了一条适合中国航母的“飞鲨”航线。

超越·卓越
单批认证人数越来越多、培养周期一再压缩、平均年龄越来越小，舰载机飞行生长路径、培养链路全面贯通

在该基地，通往训练场的主干道旁，矗立着一座由不同字体“战”字组成的红色雕塑——“战立方”。

“战立方”，寓意着这支部队的鲜明特色，也代表着飞行教官群体“以战领训、为战育人”的不懈追求。

“改装模式虽已成熟，但不能一直走这样的路，不能全依靠三代机飞行员改装”，成了这群“刀尖领舞者”不断超越、追求卓越的新

起点。

那年，飞行教官期盼的生长期班学员如期而至。

为探索生长期班学员上舰培养之路，他们倒排训练计划，细化质量标准，边组训边探索，最大限度激发学员潜能。

随着首批生长期班学员全部成功着舰，一条以生长模式培养舰载机飞行员的路径，走上了历史舞台。

“以前‘摸着石头过河’，现在有了清晰的成长‘路线图’。编了各类教范，训练逐渐步入正轨，新员加入后，对什么时间飞什么课目心中有数，对每个阶段的训练内容、训练标准、训练要求都非常明确。”谈及培养模式的变化，孙宝嵩话语坚定又自信。

经过摸索，他们成功打通了生长培养链路，形成了改装模式和生长模式双轨并行的舰载机飞行员培养格局，闯出了一条具有中国特色的舰载机飞行员培养新路，创造了单批次认证人数最多、平均年龄最小、培养周期最短等多项纪录。

自基地组建以来，他们先后培养出多批舰载机飞行员，实现了零星培养到批量培养的新跨越，具备昼夜间全时域教学能力，为航母编队作战能力建设作出了突出贡献。

这个教官群体，正以“飞鲨”起飞般的加速度大步追赶世界一流。

这些跨越的背后，是祖国繁荣富强的有力支撑，是海军转型建设的牵引带动，也是全体飞行教官的坚毅与付出。

LSO，是“着舰指挥官”的英文缩写。航母舰载机着舰指挥，是舰载航空兵区别于所有陆基航空兵的全新领域。着舰指挥官，要全心全意守护“刀尖上的舞者”，确保战机着舰挂索万无一失。

没有着舰指挥官，就没有舰载机安全顺利着舰。

担任着舰指挥官后，罗胡立丹发现，飞行员在执行一些指令时，普遍存在短暂的迟疑。

“指令冗长，不利于飞行员及时作出反应，能不能精简指令，建立一套更加符合发音习惯的着舰指挥术语？”罗胡立丹的这一想法，得到了其他着舰指挥官的一致认同。

发现问题容易，解决问题难。在2个多月时间里，罗胡立丹带领团队连续攻关，一条指令一条指令地修改、一遍又一遍地模拟指挥、一次又一次地征求意见，最终形成了一套精简高效的指挥术语。由此，他也成为着舰指挥专家。

时间不等人。作为追赶奋进者，该飞行教官群体每一刻都在奔跑拼搏，不断超越自我、追求卓越。

他们牢固树立“基础技能与战斗技能并重、稳中求进与超前预置一体”的育人理念，在夯实基本能力的基础上，将主战机型改装和部分战术训练前端预置，大胆加入战术编队、特技飞行等实战化课目，遵循融理论学习、战例教学、想定作业、综合演练为一体的教学模式，创新融入舰载元素，战斗力生成起点不断提高。

一架歼－15战机在起飞线处蓄势待发（万全 摄）

“空中最大限度放手，地面最大程度讲评”，是该飞行教官群体有效的带教培养方法。

他们紧贴未来作战需求，坚持教学法研究、质量分析、因人施教等制度，让学员快速积累经验、提升视野格局、增长打赢本领。

祝志强告诉记者，每一架次飞行结束后，学员都会拿到一个分数。这个分数不是教官根据印象打的，而是根据学员飞的每一个数据给出的成绩。

“飞得好与不好，数据来说话，我们有一套科学的数据打分系统。”祝志强说，每一个架次都记录完整飞行数据，这是他们一直孜孜追求的目标。

他们勇于创新，把数字化理念融入训练，自主研发舰载机飞行数据打分系统，帮助飞行员准确分析飞行轨迹、飞机姿态、飞行参数，有针对性地组织飞行员进行补差训练。

地面原理掌握越扎实，空中教学就越高效；地面讲评越细致，问题纠治就越彻底。谈到讲评，祝志强介绍，飞行一结束，教官们就对每名参加飞行的学员，挨个进行讲评，每个人的讲评一般都会超过飞行时长。遇到夜航，讲评有时候会持续到后半夜。

舰载机飞行，核心在战斗，关键在舰载，前提在起降。

在陆基着舰飞行过程中，飞好舰载机的第一步，必须要过突破“黑区”这一关。

“黑区”——着舰飞行训练时模拟航母甲板的着陆区。

从空中俯瞰，“黑区”就像一条细细的“黑线”。舰载机着陆如何精准对准这条“黑线”，可谓“刀尖舞”“针尖活”。

而在官兵们眼里，它投射的，是这个英雄群体的“精武面积”和“精神面积”；它见证的，是这个英雄群体的发展壮大和辉煌成绩；它记录的，是这个英雄群体的前赴后继和开拓创新。

一只大雁从森林飞出，人们会说这只大雁很神奇；一群大雁从森林飞出，人们就会说这片森林很神奇。

头雁领阵，群雁翔集。该基地飞行教官们创造了自己的神奇，为部队输送了一批又一批优秀的舰载机飞行员。

翻看飞行教官花名册，记者看到，在这条饱含汗水、血水的追梦之路上，这个群体日益年轻化：舰载机飞行员首次着舰年龄从 70 后到 80 后，再到现在的 90 后……

海阔凭鱼跃，天高任鸟飞。

看！这群牢记嘱托、叱咤海天的“飞鲨勇士”，正守护在海空一线，翱翔在远海大洋，不断向新的领域发起冲锋……

《人民海军》报 2021 年 12 月 23 日

着舰，祖国在召唤

王庆厚　王汉唐　任天然　沙凌云　杨　皓

时代的大潮奔涌不息，它可以淘尽沙砾，但淘不去屈辱的记忆。驾机升空飞向深蓝，翼下是壮美的家园，透过历史硝烟，舰载机飞行员们耳畔常想起教官的叮咛：“落后就要挨打，历史绝不能重演！为了中国梦、强军梦，为了人民安居乐业，放手一搏吧！”这就是海军航空大学某基地舰载机飞行教官群体炽热的家国情怀——

那次飞行，对年轻的飞行员曲坤来说，意义非凡。

是日，晴空万里，北国冬日的阳光扑在脸上，温暖留在心里。

曲坤驾驶歼-15战机从辽宁舰返航，稳稳降落在海军航空大学某基地机场跑道上，取得了梦寐以求的昼间航母资质认证，加入了“尾钩俱乐部”。

跑道滑行的终点，曲坤迎来人生的另一个重要起点——

机翼下，前来迎接他凯旋的女友温愉，站在人群的最前面。令温愉意想不到的是，走下悬梯的曲坤，从战友手中接过一枚戒指，非常激动地来到她面前求婚。顿时，掌声和祝福包围了这对情侣。“你守护大海，我守护你！”拥抱着心爱的“飞鲨勇士”，温愉眼里噙满了幸福的泪水。

前方有坚定的目标，身边有兄长般的教官，身后还有温情的陪伴，曲坤们知道，在追逐梦想的征程上从不孤单。

远望 · 重托
“飞得越高，看到的天空越广”

时间回拨，深秋时节，渤海湾天朗气清。辽宁舰劈波斩浪驶入这片海域，等候着新一批“刀尖舞者”的到来。

“在航母上着舰，是一名舰载机飞行员的圆梦时刻。走到今天这一步，团队中的每个人都付出了太多……”该基地空勤休息室里，飞行教官祝志强对即将进行昼间航母资质认证的年轻飞行员们说。

会上，祝志强讲得最多的不是飞行技术，而是梦想和付出，这让大家感到有些意外。

“航母事业凝结了几代人的心血，承载着中华民族走向伟大复兴的美好愿景。”送走学员，祝志强心生波澜。作为一名老飞行员，他对眼前辽宁舰停泊的这片海域再熟悉不过。

来到该基地，面对航母舰载机事业的千钧重担，祝志强心里的念头非常纯粹：敢闯敢试、苦练精飞，早日形成航母编队作战能力，决不让屈辱的历史在祖国的万里海疆重演。

这是个人的理想，更是民族的希冀。时间不等人，祝志强明白，海军转型建设路上，舰载机飞行员的培养必须换挡提速。

祝志强的这份执着信念，是这群飞行教官群体的共同追求。

加速推进航母编队体系作战能力建设，或许正如日出一样，需要在提升舰载机飞行员能力素质和知识层次上积蓄能量。教官们认为：“只有飞得越高，看到的天空才越广。”“我要飞着上航母”成了每一名教官的追求。

认识越清晰，理解越深刻。飞行教官们心中奋飞海天的使命感和紧迫感越发强烈。

历史是不能遗忘的，它总是以自己的逻辑给未来以深邃的启迪。1840 年鸦片战争以后，由于西方列强入侵和封建统治腐败，中国逐步沦为半殖民地半封建社会，国家蒙辱、人民蒙难、文明蒙尘，中华民族遭受了前所未有的劫难。透过历史硝烟，矢志海空的舰载机飞行员，感慨颇多、忧思颇多。

飞行教官杨勇经常叮嘱学员，思想观念落后也要挨打，实现伟大的中国梦、强军梦，需要不断强化使命担当意识，努力锻造永不卷刃的“精神刀锋”。

从无到有、从陆基到舰基、从昼间到夜间，舰载机飞行人才队伍加速发展壮大，与国家命运紧相连，与强军步伐共频振。“天空中没有留下翅膀的痕迹，但鸟儿已经飞过。”从零起步的舰载机飞行员将自己青春奋斗的航迹写在了海天之间。

空中的景色有多美，心中的使命就有多重。

2018 年 4 月 12 日，中央军委在南海海域隆重举行海上阅兵，舰载机组成空中梯队，在海上接受检阅。

“从战机上俯望，两排劈波斩浪、驰骋向前的舰艇编队，就像一条绵延的银色天路。”回忆起驾机飞抵检阅空域的场景，飞行教官孙宝嵩兴奋不已：“能够以一名舰载机飞行员的身份接受党和人民的检阅，我们感到无比自豪！”

困难风险越大，忠诚信念越坚；飞得越高越远，与祖国贴得越近越紧。

“要快乐地飞行”，是飞行教官艾群的带教理念，也是他常挂在嘴边的一句话。

一名年轻教官认为，飞行是一种享受。在战机上，白天能看到祖国秀美的山川、空中翻腾的云海，晚上能看到天上闪烁的繁星、城市璀璨的灯火，保家卫国的责任感使命感涌上心头。

“机翼下的海岸线是最美的风景。”采访中，这名年轻教官对记者说，茫茫大海上，航母就是舰载机飞行员的家。

海水颜色越来越深，最后一抹晚霞被茫茫的夜色吞没。

辽宁舰开启舰面灯光，甲板轮廓灯勾勒出大国巨舰的身躯，泛光灯点亮被称为“世界上最危险的4.5英亩”的飞行甲板。结束了一天的滑跃、起飞、着舰，系留在甲板上的歼－15战机，犹如一只只长途飞行的鸟，栖息在静谧的小岛之上，守望着万里海疆、守望着伟大祖国。

一个人有什么样的眼界和胸襟，就看到什么样的风景。站在高处，一座城市不过是鳞次栉比的楼房；在飞机上从云端俯瞰一座城市，城市就变成了盆景。

在舰载机飞行员眼里，从空中俯瞰，航母很小、海很大；从甲板上看，战机很小、航母很大；从陆地上看，自身很小、祖国很大。在舰载机飞行员心中，个人很轻、国家很重，名利很轻、使命很重。

得其大者可以兼其小，取其重者可以兼其轻。这就是舰载机飞行教官群体的眼界和胸襟。

守望·伴飞
“只要是你想干的，我都全力支持”

2021年国庆节期间，沈阳抗美援朝烈士陵园，特级战斗英雄杨根思烈士墓前，摆放着一个市民送来的歼－15战机模型和几张辽宁舰编队照片。照片的背面写着：“您看到了吗？这是中国航母，中国战机！”

人民网以《杨根思烈士墓前，多了一架“歼－15”》为题报道后，迅速被亿万网友“刷屏”“圈粉”。有网友留言：我们坚信，未来更加

飞行教官在训练中驾驶歼－15 战机加力起飞（万全　摄）

先进的战机将为我们的英雄、我们的祖国，支撑起更安全的天空。

这一“刷屏”“圈粉”，是中华儿女对革命烈士的告慰；这一“刷屏”“圈粉”，也是中华儿女对舰载机飞行员的崇敬。

选择了舰载机飞行员这个不同寻常的职业，就选择了常人难以想象的奉献和牺牲。家人的相伴、守望和牵挂，经年累月地向舰载机飞行员传递着信心、勇气和力量。

每当熟悉的战机轰鸣声响起，总会有许多军人的家属仰望天空，他们不知道正在天上驾驶战机的是不是自己的亲人，但他们默默祝福着每一架战机都能平安归来。他们有一个诗意的名字——“望天族”。

相对于飞行，守望也需要勇气，也考验毅力。结婚近 5 年来，梁李彬的妻子吕慧感触颇深，她笑着说：“日子平淡如水，我们是彼此情感的寄托。”

吕慧和梁李彬是“异地恋”。成为舰载机飞行员的妻子后，为了支持丈夫的飞行梦想，吕慧辞掉工作，不远千里来到部队驻地。她认为，

“等待也可以很温馨”。

“这么好的天，不飞可惜了。”梁李彬对航母舰载机事业的执着，在吕慧眼中，像是“着了魔”。她对记者说，哪怕是休假，梁李彬也是三句话不离本行，满脑子里都是飞行。

刘晓航是一个天生的“望天族”，经常对身为飞行教官的丈夫说：“只要是你想干的，我都全力支持。”

刘晓航出生在部队大院，父亲是一位飞行员。后来，她考取了军校……再后来，她嫁给了一名飞行员，随着丈夫“飞”来“飞”去。

也许是对飞行员的崇拜，也许是命中注定的缘分，刘晓航嫁给了飞行员。“望天”的日子里，她渐渐体会到当年母亲“把牵挂当成日子过”的艰辛，记不清多少次目送他起飞，也记不清多少次为他牵肠挂肚。

在刘晓航心中，守望丈夫的飞行，就是守望祖国的碧海蓝天、山河家园。为了丈夫的“飞鲨梦”，她甘愿在地面默默“伴飞”。

“你用赤胆翱翔，我用真情守望。”舰载机飞行教官的奋斗故事，离不开这些“另一半”的默默付出。当他们冲锋在海空一线，她们坚守着后方；当他们践行着带教使命，她们用柔弱的肩膀挑起了家庭的大梁。

教官曹先建受伤前，家人尽管担心他的身体，但还是尊重他的选择，支持他的事业。受伤后，家人反复劝曹先建安心养病，可他一心想着早日重返蓝天。

知子莫若父。父亲知道自己拗不过儿子，拉着曹先建的手说：“既然你铁心要飞，那就一心一意地飞吧！老爸支持你！全家都支持你……”

像这样的故事还有很多。正如一位家属所说：“他们加入舰载机飞行员队伍后，对家人缺席了很多，虽然有遗憾，但能把人生最宝贵的时光奉献给伟大祖国、伟大事业，我们也无怨无悔！”

“我的‘飞爸’，身影如高山般伟岸，也如高山般遥远，他总是说自己很忙。”这是丁赤赫对父亲丁阳的深刻印象。

从小生活在军营里，听着战机轰鸣长大，丁赤赫成了一个小军迷。每次看到战机从头顶呼啸而过，他都会自豪地对小伙伴们说：“那是我爸爸驾驶的飞机！”

采访中，家属们几乎都谈到了部队党委和领导对飞行员后院、后代的关心关爱。该基地经常组织走访慰问飞行员家庭，倾情帮助解决实际困难，让飞行员心无旁骛地飞行。

“此生我为你守候，来生你要与我相依。”英雄张超已牺牲五载，妻子张亚还时不时望向远处的天空，似乎看到那个矫健的身影依然在远方翱翔。她在接受采访时回忆说：“每当他跟我聊飞行，双眼就像在闪光。他清楚航母事业刚起步，更知道舰载机的风险，但那是他的梦想，他想去飞。”

舰载机飞行员，本身是平凡的人，是因为伟大的舰载飞行事业而变得伟大；他们不只属于各自的小家，更属于伟大的祖国。祖国正是有了他们的守护，亿万家庭的生活才更加幸福。

瞻望·续航
“今天的他们，就是明天的我们”

历史，总是在重要的时刻标注下鲜明的印记，总是在举足轻重的事件中迎来新起点。

祖国和人民不会忘记——

2012 年，深秋的大连，我国第一艘航母辽宁舰正式交付海军；

2019 年，初冬的海南，我国第一艘国产航母山东舰正式入列。

从此，中国迎来“双航母”时代，舰载机飞行事业进入新的发展阶段。

作为该基地的老飞行教官，王勇立志不仅要当好“刀尖上的舞者”，更要当好“刀尖上的领舞者”；不仅要做尖子飞行员，还要带出一支尖子飞行员队伍。

王勇是一个说到做到的人。他先后参与完成歼－15战机空中加受油训练、辽宁舰编队远海训练等多项重大任务。他自豪地说：“见证了中国航母战斗力建设跃升的一个个瞬间。”

在很短时间里，他和刚从飞行员改任教官的战友们一起，让一批批舰载机飞行员获得昼间航母资质认证。

“也许学员一时会不理解，甚至可能怨恨我。但我相信，当他们成功取得航母资质认证后，一定会感激我。”以严出名、被学员称作“黑面教官”的王勇坚定地说。

在实现中国梦强军梦的滚滚洪流中，每一代人有每一代人的长征路，每一代人都要走好自己的长征路。

在追逐梦想、探索前进的路上，每一个人都是奋斗者。以探新路、育火种、树标杆为己任，开拓进取、开创先河，担起加快航母编队战斗力生成这份使命，是党和人民赋予该基地飞行教官群体的历史重任。

这群教官们深知，精湛的飞行技术，是征服学员的底气。艾群在战友高速飞行时遭遇鸟撞，发动机停车后，他以精准的判断力，护送战友驾驶战机安全降落……

站在海岸边，看潮起潮落，一名年轻教官思绪飞扬。他想起自己通过昼间航母资质认证时教官们难以言表的骄傲与自豪，想起自己立下的誓言：“今天的他们就是明天的我们，我要以教官们为榜样，培养更多的舰载机飞行员。”

“善之本在教，教之本在师。”该基地飞行教官群体坚持传作战之道、授胜战之技、解打赢之惑，不断提高理论教学和飞行带教能力，以教官自身的高标准，保证学员培养的高质量，立起了飞行教官的好样子。

为了帮助学员形成“反区操纵”的肌肉记忆，教官们绞尽脑汁，想尽了办法。

不飞行的日子里，模拟飞行室便成了最火热的训练场。

教官艾群带着学员从早练到晚，一练一整天。为了提升训练成绩，有的学员甚至睡在模拟飞行室。不到半年时间，所有模拟器的操纵杆被学员们“盘”得锃亮。

学高为师，身正为范。对待每一个学员，艾群都面对面讲解、手把手带教，他的驾驶技术、教学风格，深深地烙在了学员心中。

着舰指挥官，是“舰载机着舰的真正主宰”。没有着舰指挥官，就没有舰载机安全顺利着舰。

在昼间航母资质认证的最后一个架次，着舰指挥官孙宝嵩精准指挥，引导张宇亮安全着舰。

从那以后，张宇亮着舰训练，只要听到孙宝嵩的声音，心里就很踏实。

“梦想无止境。在培养舰载机飞行员的征程上，我们会义无反顾地接过接力棒，矢志不渝挺进深蓝，不断刷新逐梦海天的新高度。”采访中，张宇亮如是说。

“责重山岳，能者方可当之。”该基地飞行教官群体不忘初心、牢记使命，把搏击海天、精武强能作为毕生追求，为了使命一无所惜，为了打赢一无所惧。

他们不愧为时代的楷模，是转型的精英、民族的脊梁、人民的英雄！

《人民海军》报 2021 年 12 月 24 日

舆论反响

牢记使命担当 奋力埋头苦干

李龙伊　刘博通

近日，海军航空大学某基地舰载机飞行教官群体被授予“时代楷模”称号，他们的先进事迹在广大干部群众特别是部队官兵中受到广泛关注。该群体始终牢记党和人民的期望重托，矢志投身舰载机飞行人才培养事业，为部队培养输送了一大批舰载机飞行员，充分展示了新时代革命军人听党指挥、奋斗强军的风貌。大家一致认为，要以该群体为榜样，攻坚克难、开拓奋进、埋头苦干、勇毅前行，更加坚定、更加自觉地践行初心使命，在新时代新征程上赢得更多胜利和荣光。

作为舰载机飞行教官群体所在的部队，海军航空大学某基地党委作出学习部署，采取多种方式营造学习典型的浓厚氛围。不久前取得昼间航母资质认证的舰载机飞行员王强表示：“我们要学习教官们的拼搏精神，坚决完成好各项任务，不断为航母战斗力建设贡献自己的力量。”

近日，南部战区海军航空兵某团多架战机奔赴任务海域，提高全时待战、随时能战的能力。训练间隙，官兵们学习讨论了舰载机飞行教官群体的先进事迹。“我们将以他们为榜样，聚力练兵备战、勇当强军先锋，捍卫祖国海空的和平与稳定。”该团参谋长刘志民表示。

寒冬时节，邱少云生前所在部队、第 76 集团军某旅将全旅官兵拉到某陌生地域组织战备拉动考核。该旅参谋长王悦说：“我们每一次实战化拉动都是为了忠实履行党和人民赋予的神圣使命。获得荣誉的舰载机飞行教官群体矢志强军、无私无我的崇高精神，以战领训、向战而行的实际行动，都值得我们学习。”

认真学习舰载机飞行教官群体先进事迹后，中国第二十批赴黎巴嫩维和建筑工兵分队政工副队长蓝天章说：“舰载机飞行教官群体的事迹深刻感染着我们分队每一名维和官兵。我们一定时刻保持奋进姿态，当好守护安宁的和平卫士。”

舰载机飞行教官群体的事迹，给军队院校带来深刻启发。空军工程大学防空反导学院教授张厚表示，作为军校教员，要把能打仗、打胜仗作为人才培养的出发点和落脚点，加快建设一流军事院校，培养一流军事人才。

飞行教官为学员作飞行后讲评，讲授着舰动作要领（姜涛　摄）

刚刚走下某任务演训场，火箭军某团工程师屈龙海马上回到技术室，带领班组进行复盘总结。他表示：“我们一定会最大限度挖掘自身潜能，带动身边战友钻研技术、练习技能，为强军事业作出更多贡献。”

天山脚下某场站，寒风凛冽。刚取得飞行教官资格的武警第一机动总队某支队直升机飞行员邹胜鹏，顺利结束了他的首次带飞任务。他说：“同是翱翔蓝天的飞行教官，我们要向舰载机飞行教官群体学习，将每一名飞行员都培养成才。”

“强军路上，舰载机飞行教官群体在蔚蓝海空奋飞出壮美航迹，展现了新时代中国军人的使命和担当。”吉林省辽源市委宣传部工作人员汪阳表示，“在工作中，我们要认真学习他们的奋斗精神，发挥党员干部的先锋模范作用，扎实提升群众幸福感，努力建设幸福美丽的家园。”

在了解舰载机飞行教官群体的先进事迹后，北京师范大学新闻传播学院研究生王博说：“舰载机飞行教官群体给当代青年人树立了榜样与典范。作为新时代中国青年，我们要立大志、明大德、成大才、担大任，努力成为堪当民族复兴重任的时代新人，让青春在奋斗中绽放绚丽之花！”

《人民日报》2021年12月30日

海军航空大学某基地舰载机飞行教官群体先进事迹在军地引起强烈反响

高蕊　郭领领

连日来，“时代楷模”海军航空大学某基地舰载机飞行教官群体先进事迹经报道后，在全军部队和社会各界引起强烈反响。

舰载机飞行教官群体先进事迹一经推出，就在各社交平台成为被追捧的“网红”，向飞行教官群体学习，矢志强军、赤胆报国成为网友的共同话题。网络漫画作者曾小萌说：“我的爱人就是这个英雄教官团队带出的飞行学员，他们全都是我心里踏着祥云的英雄。我会无条件地支持他去寻找星辰和大海。”

舰载机飞行教官群体先进事迹在海军官兵中引起新一轮学习热潮。曾多次与教官们在空中过招交手的海军航空大学某训练团团长李超说：“舰载机飞行教官群体是我们在建设世界一流海军路上的榜样，他们的事迹感人至深，催人奋进。我们要始终以对飞行事业的赤诚热爱和极端负责，进一步立起为战育人、为战抓教的鲜明导向。”海军某部战士曹修贞表示，要以教官群体为榜样，怀揣初心信仰、勇于攻坚克难，用坚如磐石的信念和矢志不渝的追求谱写海军转型建设新篇章。

空军与清华大学联合培养的飞行学员朱坷沁表示，前辈们的先进事迹让大家热血沸腾，让青春之火燃烧得更加旺盛。空军航空兵某团作训参谋赵柯帆说："新的一年练兵备战已经开始，我们要向他们学习，主动设难敌情险情，不断提高适应未来战场素质本领，确保在党和人民需要的时候拉得出、上得去、打得赢。"

在海军护航编队、驻吉布提保障基地、中国维和部队营地，官兵们通过黑板报和饭堂小广播等，在远离祖国的异国他乡学习飞行教官群体先进事迹，汲取强军兴军的精神动力。3 次参加联合国维和行动、刚刚轮换回国的中国赴南苏丹维和部队的赵红梅说："把人民军队建设成为世界一流军队，为实现中华民族伟大复兴的中国梦而不懈奋斗，是我们这一代军人的使命担当，飞行教官群体给我们树立了好榜样。"

舰载机飞行教官群体为使命而战、为荣誉而战、为祖国而战的先进事迹，激励着正奋战在西安的医护人员。曾参加武汉抗疫的西京医院医生宋立强表示："我们将学习舰载机教官群体听党指挥、奋斗强军的昂扬风貌，发扬武汉抗疫精神，坚决阻击西安疫情，立起人民军医好样子。"

自 2015 年开始，海军依托普通高中组建海军航空实验班，并授予承办学校为"海军青少年航空学校"。在河南郑州九中、重庆十一中、湖北黄冈中学、河北衡水中学等学校，学校的食堂和户外大屏幕上滚动播报着飞行教官群体的报道，"飞最好的飞机""飞最难的起落""加入尾钩俱乐部"成为很多学生的梦想。

新华社北京 2021 年 12 月 30 日电

为战育人，肩负时代重任

近日，海军航空大学某基地舰载机飞行教官群体被中宣部授予“时代楷模”称号，他们的先进事迹经广泛宣传报道后，在全军部队和社会各界引起热烈反响。广大官兵认为，舰载机飞行教官群体敢于冲锋、舍我其谁，敢蹚新路、攻坚克难，始终牢记党和人民的期望重托，以战领训、为战育人，充分展示了新时代革命军人听党指挥、奋斗强军的昂扬风貌，不愧为深入贯彻习近平强军思想的光辉典范和聚力备战打仗的时代标杆。大家表示，要以舰载机飞行教官群体为榜样，不畏艰险、勇于创新，以实际行动建功新时代。

使命催人奋进，荣光鼓舞人心。从教室课堂到机场跑道，海军航空大学官兵通过报刊网络、微博微信、广播电视等载体，深入学习舰载机飞行教官群体先进事迹，广泛开展专题学习、讨论辨析、座谈交流等活动，迅速掀起学习典型、争当先进热潮。某基地训练科科长张抱说：“舰载机飞行教官群体的先进事迹，生动回答了改革强军需要什么样的教官，当代官兵应该以怎样的精神世界、能力素质投身强军事业等重大课题，感人至深，催人奋进。”飞行学员张桐辉表示，从飞之初就要坚定理想信念、强化责任担当、砥砺初心使命，为舰载机飞行事业而奋斗。某场站政治工作处主任赵海嵩表示，要紧紧围绕舰载机飞行人才培养这一使命任务，加快转型升级，为战鹰提供最优质保障。

“这个时代里，不缺用身躯去铺路的人。尽管路途艰难又布满风险，但奋斗者并不孤独。”近年来，海军某基地瞄准未来海战、立足部队需求，培养了一批专业组训人才和多支专业化蓝军部队。该基地参谋长朱涛表示，将深入学习舰载机飞行教官群体先进事迹，当好为部队官兵淬锋砺刃的“磨刀石”。

急转滚翻、缠斗压制、击杀规避……曾和舰载机飞行教官群体空中“交手”的某飞行训练团团长李超，正在外场塔台指挥空战课目训练。他表示，将进一步立起为战育人、为战抓教的鲜明导向，努力培养更多能打胜仗的海空战斗员。燕山脚下，第82集团军某旅正在组织多课目、高强度连贯考核，某营教导员罗子壮说：“舰载机飞行教官群体取得的成绩离不开强大战斗精神的支撑。对于军人而言，只有做到‘一不怕苦、二不怕死’，才能不断赢得胜利。”

“舰载机飞行教官群体为战育人、为国砺剑，在‘刀尖’磨砺‘尖刀’。”学习舰载机飞行教官群体的先进事迹后，战略支援部队某部政治工作部主任王斌表示，将下大力气培养“工匠型”专业技术人才队伍，为部队建设发展注入新动力。

汗水滴洒强军路，搏击海天为打赢。火箭军某旅、武警广东总队、空军某雷达旅等单位官兵表示，要学习舰载机飞行教官群体高度的责任感和敬业精神，积蓄铁骨铮铮的斗志和克敌制胜的底气，坚决做到全时待战、随时能战。

《解放军报》2021年12月31日，记者康子湛，
通讯员王轶、滕福民等采写

以更加昂扬的斗志建功新时代

——海军航空大学某基地舰载机飞行教官群体先进事迹在社会各界引起热烈反响

刘小兵

“时代楷模”海军航空大学某基地舰载机飞行教官群体忠诚使命担当、矢志为战育人，探索出一条具有我军特色的舰载机飞行人才培养新路，为部队培养输送了一大批舰载机飞行员。他们的先进事迹经广泛宣传报道后，在广大干部群众和部队官兵中引起热烈反响。大家纷纷表示，要以他们为榜样，敢于开拓、勇于创新，为实现中华民族伟大复兴的中国梦而不懈奋斗，以优异成绩迎接党的二十大胜利召开。

“惟其艰难，方知勇毅；惟其磨砺，始得玉成。”陆军指挥学院副教授张翚感慨地说，撑起一支军队的脊梁，既需要精良先进的国之重器，更需要顶天立地的民族精英。舰载机飞行教官群体就是这样一个催人奋进的英雄集体。军事科学院军队政治工作研究院研究员罗新芹说，舰载机飞行教官群体克服重重困难，短时间内探索出我军舰载机飞行员的科学培养体系，靠的是对党忠诚和向战而行的使命担当，还有专业、严苛的科学精神以及不惧任何困难挑战的血性胆气。

“培育运用现代高精尖武器装备的优秀人才，难度甚大、任重道远。”国防科技大学文理学院教授马建光说，舰载机飞行教官群体从无到有开拓人才培养道路，有利于我国海军转型发展、提升海上综合实

飞行教官训练归来（万全　摄）

力。甘肃省兰州市第十中学高级教师马得清很有感触地说："如果每一个教师都像舰载机飞行教官群体那样，善于创新、敢于改革，用智慧把薄薄的教材写满写厚，将极大促进我国教育事业的发展。"

舰载机飞行教官群体的先进事迹，让同为飞行教官的陆军第 75 集团军某旅特级飞行员尹浩渊深有同感，"我们也曾面临缺机长教员、缺教材规范、缺组训经验等难题，只能边实践边探索。"空军指挥学院三队学员李文成看过报道后说："作为一名空军飞行员，我倍感使命责任艰巨，今后要始终保持时不我待、只争朝夕的精神状态和冲锋姿态，向着强军目标持续发力、踏实前行。"中部战区空军航空兵某旅飞行教官学习舰载机飞行教官群体先进事迹后一致表示，要以他们为榜样，全面加强练兵备战，以更加昂扬的姿态迈向新征程，建功新时代。

武警四川总队医院及时组织官兵收听收看各大媒体宣传舰载机飞行教官群体的先进事迹，在交流中该院政委李天然说："我们要把先进事迹作为'坚定信仰、筑牢军魂'的生动教材，激发'姓军向战、服务基层’的工作热情，把更加优质的医疗服务送到一线战士身边。”

解放军总医院第六医学中心中医医学部康复医学科主任付本升，多次带领团队为舰载机飞行员制订康复计划、指导康复锻炼，他激动地说：“作为新时代人民军医，要向他们学习，争做服务人民、服务部队的排头兵。”

南沙守备部队某部泸沽湖舰官兵在操演间隙，利用“前哨讲堂”教育平台，围绕舰载机飞行教官群体先进事迹，开展了一次讨论。该舰四级军士长、“兵专家”贺电波说，舰载机飞行教官群体不断探索着人才培养新路径的做法值得学习，自己要格外注重年轻战士的成长进步，将所在分队带成“创新团队”。

在海军工程大学，学校通过各种形式组织官兵全方位学习舰载机飞行教官群体“敢为天下先”“敢啃硬骨头”的奋斗精神。大家纷纷表示要树立“教为战、研为战、练为战”的思想，培养德才兼备的高素质、专业化新型军事人才。

广大网友纷纷为舰载机飞行教官群体点赞，不少网友留言说，强国必须强军，军强才能国安。网友 @ 我是小海草 21 说，无畏、苦练、赤诚、攻坚、前行、使命、启航、传承、善战、奉献、热血，让人明白他们是一群什么样的人。网友自足常乐说，培养千千万万个“我”去飞行，去战斗，去守护祖国的蓝天。

《光明日报》2021 年 12 月 29 日

评论观点

用无私无我，成大国大器

黎　云

舰载机部队，是航母的核心战斗力，人民海军迫切需要尽快建立一支能够捍卫国家海上利益的舰载机部队。海军航空大学某基地舰载机飞行教官团队，就是在这样的历史时刻，挑起了党和人民赋予的历史重担。自组建以来，教官团队从零起步，请缨谋战、直面生死，付出了常人难以想象的艰辛，甚至是生命的代价，探索建立起中国特色舰载机飞行员培养道路，具备了昼夜间全时域教学能力，为一线部队输送了多批次优秀舰载机飞行员。

刀尖领舞，苦练精飞。多年来飞行教官群体“拎着脑袋干事业”，把个人荣辱融入海天之间。他们不仅是人民军队里王牌中的王牌，飞行队伍里精英中的精英，更是强军报国的时代楷模。

强军之道，要在得人。人才是推动我军高质量发展、赢得军事竞争和未来战争主动的关键因素，对实现党在新时代的强军目标，把我军全面建成世界一流军队具有重大现实意义和深远历史意义。

如今，中国航母建设事业稳步推进，海军舰载机部队不断发展壮大，规模化培养舰载机飞行员已迫在眉睫，人才问题成为人民海军走向深蓝的关键链条。为战选人、为战育人、为战备人，飞行教官团队的先进事迹，必将鼓舞全军官兵加快推动新质战斗力建设，为实现中国梦提供战略支撑。

新华社沈阳2021年12月27日电

谈谈人才成长的“大气候”和“小气候”

钱高祥

在气象学上，有两个概念，叫“小气候”和“大气候”。一个地方，因为下垫面性质不同、热状况差异，又有人的活动等，就会形成小范围特有的气候状况，这就是小气候。小气候中的温度、湿度、光照、通风等条件，直接影响作物生长、人类工作生活环境。大气候则主要是由特殊环流所形成的较大空间尺度的气候，由大范围因素所决定。

放在人才培养上，我们也能看到这种“小气候”和“大气候”。一些单位主动探索，在能力范围内不断改善人才发展环境、激发人才创造活力，从而形成了有利于人才生长发展的“小气候”。前不久获得“时代楷模”称号的海军航空大学某基地舰载机飞行教官群体，能够在短短几年攻克很多难题，缩短舰载战斗机飞行员培养时间，贯通舰载战斗机飞行员生长路径、培养链路，探索出一条具有我军特色的舰载机飞行人才培养新路，相信离不开单位良好人才生态环境形成的“小气候”。

“小气候”是重要，但“大气候”更为关键。“两弹一星”的研制成功，与当时一系列正确、创造性措施和尊重人才、爱护人才的良好环境形成的人才“大气候”密不可分。聂荣臻同志主管新中国科研工作后，始终贯彻落实对知识分子“政治上信任、工作上大胆使用”的原则。每次执行任务，聂荣臻打电话给钱学森：“有关技术上的问题由你来决定，你们准备好了，觉得可以发射了，打个电话报告我就行了。”那时候尽管我国科研基础薄弱，物质条件相对落后，但对人才求贤若渴，真正做到了政治上充分信任、工作上放手支持、生活上关心照顾，一大批优秀的年轻人才脱颖而出。于敏从事核研究时24岁，朱光亚调任核武器研究所副所长时年仅35岁。20世纪60年代初，全国都在经历困难时期。周恩来亲自批示，配给专家教授每人每月两斤猪肉和一斤鸡蛋。周恩来常说：“我们如果为科学家服务好了，他们就会为祖国服务得更好。”在这种良好的“大气候”下，许多爱国科学家归国，参与到新中国的建设当中；同时也培育造就了大批科研人才，为社会主义科技事业打下了坚实的人才基础。

环境好，则人才聚、事业兴；环境不好，则人才散、事业衰。这

飞行学员驾驶歼－15战机阻拦着舰瞬间（姜涛　摄）

是我们党多年人才工作总结出的经验。种种实践都告诉我们：积极营造人才发展良好生态环境，人才队伍才能得到井喷式发展，事业也会得到大踏步前进。

积极营造人才发展良好生态环境，需要“大气候”，也需要“小气候”。“小气候”对于人才成长和发展影响甚至更为直接具体。当前，个别单位的“小气候”营造得不够好，与单位领导在人才工作上的思想观念有较大关系。比如，有的单位还在沿用过时的方式管理官兵，有的照搬现役人员模式管理文职人员，有的套用基层连队方法管科技创新团队，这些都极大束缚了人才的手脚，遏制了人才的活力。

强军之道，要在得人。人才资源是强军兴军的宝贵战略资源。我们必须破除旧的思想观念，创新思路举措，积极营造信任人才、尊重人才、支持人才、关爱人才的浓厚氛围，把广大人才干事创业积极性、主动性、创造性充分激发出来。各级应加强专业化、精细化、科学化管理，创新管理理念和方式方法，让管理为人才创造性活动服务。立起信任宽容、激励担当的正确导向，加快容错免责制度落地落实。着力创造待遇得当、保障有力、后顾无忧的生活环境，为人才心无旁骛钻研业务创造良好条件，让人才得到充分尊重和合理回报。要破除束缚人才施展拳脚的“绳索”、扼制人才创新活力的条条框框。对于特殊人才要有特殊政策，特殊事业给予特殊支持，积极营造拴心留才的良好环境。

这是千里马竞相奔腾的新时代，这是创新浪潮波澜壮阔的新征程。形成近悦远来的人才生态，注重营造适宜各类人才成长和活力迸发的“小气候”和“大气候”，方能呈现事业发展的新气象。

《解放军报》2022 年 2 月 7 日

为战育人　奋斗强军

解放军报评论员

习主席强调，要推动军事人员能力素质、结构布局、开发管理全面转型升级，锻造德才兼备的高素质、专业化新型军事人才，确保军事人员现代化取得重大进展，关键领域人才发展取得重大突破。

舰载机飞行人才培养，是航母力量建设的关键和核心环节之一，是海军新质力量建设的重中之重。面对这一全新的没有经验可借鉴的事业，海军航空大学某基地舰载机飞行教官群体牢记统帅嘱托，为战育人、为国砺剑，逐梦海天、奋斗强军，用青春、热血乃至生命打造出舰载机飞行人才培养的“中国样本”。

“登山不以艰险而止，则必臻乎峻岭矣”。舰载机飞行教官群体在“刀尖”磨砺“尖刀”，用梦想之光照亮探索舰载机飞行事业的漫漫征程，目光聚焦在决胜未来海天战场的新领域，步伐行进在全面建成世界一流海军的最前沿。他们甘为人梯，托举天梯，带着年轻飞行员一次次滑跃起飞，不断刷新纪录，突破关键技术，为世界难题探寻出新的时代答案。他们敢于担当、勇于开拓，不畏艰险、大胆探索，实现了舰载机飞行员培养由部队改装带教，向专业化、规模化、体系化的院校培养转轨的重大突破。

世界百年未有之大变局加速演进，新一轮科技革命和军事革命日新月异，我军正按照国防和军队现代化新“三步走”战略安排、向实现建军一百年奋斗目标迈进。各级各部队不能拘于一时之突破、囿于一域之成效，要深入实施新时代人才强军战略，坚持以世界眼光、历史眼光和发展眼光，找准提高战斗力的切入点、关键点和增长点，面向战场、面向部队、面向未来培养人才，为强军事业提供坚实的人才支撑，切实肩负起全面建成世界一流军队的时代重任。

《解放军报》2021 年 12 月 28 日

勇挑执教海天为战育人的时代重任

人民海军报评论员

国以才兴，军以才强；强军之道，要在得人。党的十八大以来，面对国家安全环境的深刻变化，面对强国强军的时代要求，习主席把人才工作摆在治国理政大局的关键位置，鲜明提出“人才资源是强军兴军的宝贵战略资源”。前不久，习主席在中央军委人才工作会议上强调，人才是推动我军高质量发展、赢得军事竞争和未来战争主动的关键因素，对实现党在新时代的强军目标、把我军全面建成世界一流军队具有重大现实意义和深远历史意义。海军党委坚决贯彻习主席和中央军委重要决策部署，把舰载机飞行人才培养作为重大政治任务，坚持为战育人根本导向，做到高起点部署、高标准推进、高质量建设、高效率落实。

“责重山岳，能者方可当之。”大事难事看担当。作为海军转型建设的新质作战力量，海军航空大学某基地是舰载机飞行人才培养的摇篮。飞行教官群体坚决贯彻落实习主席重要指示要求，提高政治站位，强化思想引领，勇挑执教海天、为战育人的时代重任，以铸牢忠诚立身示范，以推进转型快马加鞭，以拿敌练兵培树血性；坚持大事大抓、特事特办，攻坚克难、主动作为，以“敢为天下先”“敢啃硬骨头”的担当精神，打破常规、突破常态，以超常规迈入新常态；细化完善实施方案和任务清单，着力培育堪当强军重任、适应海军转型发展的舰载机飞行人才队伍，刷新多项纪录，开创多个首次，探索出了一条具有我军特色的舰载机飞行员培养之路。他们的事迹充分表明，大任重任面前，唯有迎难而上才能破茧而出，唯有百折不挠才能拨云见日，唯有攻坚克难才能成就大业。

“人才自古要养成，放使干霄战风雨。”该基地飞行教官群体坚持以战领训、为战抓教，以建设一支忠诚无畏、精飞善战、数量充足、素质一流的舰载机飞行员队伍为目标，准确把握舰载机飞行人才培养的特点规律，科学设置训练内容，优化组训方法，创新训练手段，完善训练法规，强化训练评估，配套训练保障，积极探索改装模式、生长模式双轨并行的培养路径，加快推进以飞行教官、支撑条件、标准规范、大纲教材为重点的培养能力建设。

“善之本在教，教之本在师。”该基地飞行教官群体积极适应训练改革和任务拓展需要，不断提高理论教学和飞行带教能力，传胜战之道、解作战之惑、授作战之技，以教官自身的高标准，保证学员培养的高质量。紧盯未来作战需求，坚持教学法研究、质量分析、因人施教等制度，坚持“空中最低限度介入，地面最大程度讲评”，让学员快速积累经验、提升视野格局、增长打赢本领。严格落实“精准、守纪、零容忍”舰载机飞行铁律，注重战斗精神、战术理论、战斗技能全链路培树，实现基地训练与部队训练无缝隙衔接，努力向部队输送合格战斗员。

军事竞争说到底是人才竞争。谁拥有人才优势，谁就能掌握未来战争的主动权，谁就能把握决定战争胜负的命脉。“济济多士，乃成大业。”人才强则事业强，人才兴则军队兴。改革强军，民族复兴，每一步都要啃硬骨头、破坚冰，如果不下大气力、硬功夫去解决，各项建设就很难有质的飞跃。面对海军转型的时代重任，各级要像为战育人的奋斗团队——某基地舰载机飞行教官群体那样，认真学习贯彻习主席在中央军委人才工作会议上的重要讲话精神，深入实施新时代人才强军战略，把学习成效转化为做好人才工作的强大动力，转化为人才强军的生动实践。要秉持人才是第一资源的理念，按照能打仗、打胜仗的要求狠抓人才队伍建设，使各方面人才各得其所、尽展其长。要坚持为战选人、为战育人、为战备人，把强军事业需要的人才集聚、培养起来、使用起来，把合适的人才放到合适岗位上。要瞄准短板强能，朝着一流培养，加快推动新质战斗力加速孵化和生成，为全面建成世界一流海军提供有力人才保证和智力支持。

《人民海军》报 2021 年 12 月 21 日

视频链接

中央宣传部授予海军航空大学某基地舰载机飞行教官群体“时代楷模”称号

在全党全军全国各族人民深入学习贯彻党的十九届六中全会精神，认真贯彻落实中央人才工作会议精神之际，中央宣传部向全社会宣传发布海军航空大学某基地舰载机飞行教官群体先进事迹，授予他们“时代楷模”称号。

舰载机飞行教官群体担负培养舰载机飞行人才任务以来，始终牢记党和人民的期望重托，矢志投身舰载机飞行人才培养事业，以战领训、为战育人，探索出一条具有我军特色的舰载机飞行人才培养新路，为部队培养输送了一大批舰载机飞行员。群体中 6 人荣立一等功、数十人次荣立二等功，涌现出全国优秀共产党员、中国青年五四奖章获得者、全军备战标兵个人等先进典型。

舰载机飞行教官群体的先进事迹经宣传报道后，在全社会引起热烈反响。广大干部群众认为，该群体的先进事迹，深刻反映了全面推进新时代强军事业的生动实践，鲜明体现了深入实施新时代人才强军战略的显著成效，充分展示了新时代革命军人听党指挥、奋斗强军的昂扬风貌，不愧为忠实贯彻习近平强军思想的光辉典范，牢记强军目标、聚力备战打仗的时代标杆，忠诚使命担当、矢志为战育人的突出

2021 年 12 月，中共中央宣传部授予海军航空大学某基地舰载机飞行教官群体“时代楷模”称号

代表，勇于攻坚克难、奋力转型突破的优秀榜样。广大部队官兵表示，要以“时代楷模”为榜样，深入学习贯彻习近平新时代中国特色社会主义思想特别是习近平强军思想，认真学习贯彻党的十九届六中全会精神，运用好党史学习教育成果，在党的旗帜下铸牢军魂、赓续血脉、英勇战斗，更加深刻理解“两个确立”的决定性意义，不断增强“四个意识”、坚定“四个自信”、做到“两个维护”，贯彻军委主席负责制，聚焦实现建军一百年奋斗目标，紧紧围绕我军建设“十四五”规划布局谋划和推进工作，坚持人才引领发展的战略地位，加快构建新型军事人才培养体系，以顽强斗争精神和实际行动捍卫国家主权、安全、发展利益，为实现党在新时代的强军目标、把人民军队建设成为世界一流军队，实现中华民族伟大复兴的中国梦而不懈奋斗，以优异成绩迎接党的二十大胜利召开。

“时代楷模”发布仪式现场宣读了《中共中央宣传部关于授予海军航空大学某基地舰载机飞行教官群体“时代楷模”称号的决定》，播放了反映该群体先进事迹的短片，中央宣传部负责同志为该群体代表颁发了“时代楷模”奖牌和证书。中央军委政治工作部、海军党委、辽宁省委、山东省委有关负责同志和部队官兵代表参加发布仪式。

新华社北京 2021 年 12 月 28 日电

扫码观看发布仪式

《时代楷模发布厅》

编　辑：孙　岭

王　燕　邓　晶　孟　琛

黎　甜　巩　雪　张薏谨

中央电视台，2021 年 12 月 28 日